CRECER

JUGANDO

NIÑOS QUE SE QUIEREN A SÍ MISMOS

ANDREA ERKERT

Ilustraciones de Vanessa Paulzen

Juegos y actividades para estimular la autoestima y la conducta social

ONIRO

Título original: *Liebe Schnecke, komm heraus!*
Publicado en alemán por Ökotopia Verlag, Münster

Traducción de Marta Pascual

Diseño de cubierta: Valerio Viano

Ilustración de cubierta e interiores: Vanessa Paulzen

Distribución exclusiva:
Ediciones Paidós Ibérica, S.A.
Mariano Cubí 92 - 08021 Barcelona - España
Editorial Paidós, S.A.I.C.F.
Defensa 599 - 1065 Buenos Aires - Argentina
Editorial Paidós Mexicana, S.A.
Rubén Darío 118, col. Moderna - 03510 México D.F. - México

© 2000 Ökotopia Verlag, Münster

© 2001 exclusivo de todas las ediciones en lengua española:
Ediciones Oniro, S.A.
Muntaner 261, 3.º 2.ª - 08021 Barcelona - España
(oniro@edicionesoniro.com - www.edicionesoniro.com)

ISBN: 84-95456-72-9
Depósito legal: B-33.663-2001

Impreso en Hurope, S.L.
Lima, 3 bis - 08030 Barcelona

Índice

Prólogo

Por regla general, la primera impresión que se extrae al observar a un grupo de niños jugando es que la mayoría parecen tener un grado considerable de autoestima y que, a veces, incluso se comportan de forma desconsiderada con los demás. Sin embargo, esta primera impresión suele ser engañosa. Una observación más minuciosa permite comprobar que la autoestima no tiene nada que ver con las actitudes dominantes o el ejercicio de la fuerza física y psíquica.

Las preguntas que surgen son las siguientes: ¿cómo puede reforzarse la autoestima y el comportamiento social de los niños?; ¿cómo se distingue si un niño se siente fuerte y seguro?; ¿por qué algunos niños reaccionan con retraimiento y otros, en cambio, con agresividad?; ¿cómo se pueden integrar al grupo los niños solitarios o los que se sienten diferentes?; ¿cómo se crea un clima de confianza y compañerismo en el seno del grupo?

Para responder extensamente a estas preguntas he reunido en este libro un gran número de ejercicios y juegos prácticos mediante los cuales los niños aprenden a aceptarse y a confiar más en sí mismos. Los niños que se valoran a sí mismos y confían en sus capacidades raramente

caen en alguna forma de dependencia. Existen numerosos datos científicos y un sinfín de experiencias prácticas que apuntan al hecho de que, en la mayoría de los casos, los orígenes de una conducta adictiva posterior o una inclinación a la violencia deben buscarse en la más tierna infancia. Tengo la esperanza (y algo de experiencia) de que las propuestas que se incluyen en las páginas siguientes ayuden a los niños a desarrollar su personalidad y a convertirse en personas fuertes e independientes.

Recuerda que, para que los ejercicios y juegos den el resultado esperado, es importante que tu hijo disponga del espacio necesario para ponerse a prueba y vivir sus propias experiencias individuales. Por mi trabajo cotidiano con los niños sé que a veces resulta difícil no intervenir cuando uno cree saber lo que es mejor para el niño en un momento determinado pero, precisamente, nuestro deber como padres y educadores consiste en ser un firme pilar de apoyo para los niños y, al mismo tiempo, en dejarles el radio de acción suficiente y darles libertad.

Todos los ejercicios y juegos han sido puestos en práctica con niños en edad preescolar y en cursos de educación elemental. No obstante, las indicaciones referentes a la edad adecuada para los juegos y ejercicios son sólo orientativas. Lo más importante a la hora de seleccionar los juegos y ejercicios no es la edad de los niños, sino su grado de desarrollo.

Los ejercicios y juegos que aparecen en el libro se pueden llevar a cabo con pocos medios, tanto en casa como en jardines de infancia y en las aulas de refuerzo o de educación especial de cursos de educación elemental. Además, también resul-

tan muy adecuados para evitar que en el futuro el niño caiga en adicciones.

Te invito a que te unas con tu hijo en su viaje de exploración. Quizá descubras en él capacidades sorprendentes de las que hasta ahora todavía no eras consciente o no podías serlo, porque precisamente se han revelado al implicaros en un entorno lúdico.

Deseo que tanto tu hijo como tú os divirtáis mucho.

Dentro del «caparazón»

Cada niño es diferente

Los problemas de autoestima y las conductas sociales poco desarrolladas suelen ir unidas a estados emocionales negativos. Los niños afectados tienen miedo de fracasar en determinadas situaciones y normalmente se sienten poco aceptados por el grupo o excluidos. Estos niños también manifiestan dicha coacción interna en su comportamiento exterior, bien recluyéndose en su «caparazón», bien adoptando una postura agresiva, y suelen jugar solos o buscan el contacto con compañeros de juegos más tranquilos y de menor edad, a los que aventajan.

También hay que estar atentos a la aparición de síntomas tales como nerviosismo, dificultades de concentración y sudores repentinos; de hábitos como morderse las uñas, sorberse la nariz, retorcerse el pelo y chuparse el pulgar, y de trastornos del lenguaje, falta de apetito o insomnio. Los niños que sufren de miedo al fracaso evitan todo tipo de actividades conjuntas o sólo participan en ellas una o dos veces como máximo, dando a entender luego al grupo que el juego les resulta demasiado simple. Este aislamiento escogido voluntariamente los priva a su vez de las experiencias grupales básicas para el desarrollo de su personalidad. Normalmente los perjudicados son los mismos niños, porque en el fondo desean ser reconocidos y apreciados.

Para evaluar debidamente al niño no debemos considerar únicamente situaciones aisladas. Un simple rechazo no significa que el niño tenga problemas graves; a veces, la apatía, la pasividad y la irritación interior se deben a causas totalmente diferentes, por ejemplo, una enfermedad incipiente, falta de sueño, una pelea con un hermano o amigo, diferencias con los padres, desarrollos corporales...

Para hacer un diagnóstico correcto del niño debes observarle atentamente y comentar tus impresiones con tu pareja o con tus compañeros del jardín de infancia o de la escuela. Conviene plantearse si las conclusiones que se extraen de la observación son correctas, si se ha estudiado la situación atentamente, si el comportamiento del niño admite quizá una interpretación completamente distinta o hasta qué punto la interpretación realizada responde a una visión subjetiva. Es posible que en el seno de un grupo de niños, o debido al estrés cotidiano en el hogar o con el resto de hermanos, no siempre se tenga ocasión o tiempo suficiente para dedicar a un niño en concreto. Por ese motivo debes ir reuniendo impresiones, observar al niño durante un periodo de tiempo considerable y anotar tus conclusiones.

Los especialistas podéis emplear una tabla de observaciones que incluya, entre otros, apartados referentes al lenguaje, la motricidad y el comportamiento social y lúdico del niño. El procedimiento habitual consiste en observar al niño durante varios días o semanas a una hora concreta. Para determinar con exactitud la frecuencia con que el niño se dedica a actividades específicas (por ejemplo, jugando con muñecos o con juegos de construcciones) elaboraremos una tabla de «ámbitos funcionales». Luego observaremos al niño cada día a la misma hora durante aproximadamente diez minutos y marcaremos con una cruz el cuadro correspondiente a la actividad en la que el niño esté ocupado en ese momento.

Si queremos evaluar las relaciones que los niños mantienen entre ellos, utilizaremos un sociograma en el que anotaremos los nombres de los niños formando un círculo y, durante la observación, representaremos cualquier contacto verbal o corporal de un niño dibujando una flecha que indique esta interacción. Si lo que queremos es observar a un solo niño, resulta más útil elaborar una lista con los nombres de los niños del grupo. En este caso, cada vez que el niño en cuestión tome contacto con otro marcaremos una raya junto a su nombre. Es importante que escribáis las frases de los niños con la mayor precisión posible y sin añadir vuestros comentarios. Naturalmente, podéis pedir a otras personas que os ayuden en la labor de observación, por ejemplo, si disponéis de algún estudiante de prácticas que colabore en el grupo. En cualquier caso, debéis tener en cuenta que las observaciones sólo os permitirán conocer las formas básicas de comportamiento de los niños, ya que sobre los sentimientos y necesidades que dan lugar a esas conductas únicamente podréis efectuar hipótesis. Por eso es necesario conocer muy bien a los niños cuyo comportamiento queremos evaluar.

Posibles causas de una falta de autoestima

Jan-Uwe Rogge, autor de conocidos éxitos sobre pedagogía, titula uno de sus libros con la frase «los miedos convierten a los niños en seres fuertes». En este libro el autor advierte del hecho de que cuando los padres y los educadores se dirigen a los niños con expresiones de consuelo del tipo «no debes tener miedo», o intentan quitar importancia al asunto diciendo «¡pero si no pasa nada!» o «¡no te pongas así!», en realidad lo que quieren es negar ese miedo. Sin embargo, no hay vida sin miedo y, precisamente, los miedos son necesarios para sobrevivir, para no exponerse a situaciones extremas de un modo inconsciente. Rogge afirma también que cuando el niño aprende a superar sus miedos se convierte a su vez en un individuo más fuerte. Algunos niños se sienten inseguros porque todavía no son capaces de comprender las transformaciones corporales que experimentan; y otros tienen miedo porque se sienten inseguros en un entorno nuevo en el que quizá se les exige demasiado o, también, porque no son capaces de asimilar las noticias catastróficas que aparecen en los medios de comunicación.

Con el transcurso del tiempo y en contraposición al miedo suele aparecer una sensación de fracaso. En ese caso, las experiencias negativas pueden volver a activarse en situaciones similares y afianzarse mediante razonamientos del tipo «ya que antes cuando jugaba al parchís siempre perdía, también ahora voy a perder en todos los juegos en los que participe». El niño tiene que olvidar estos miedos aprendiendo, por ejemplo, a distinguir situaciones parecidas y experimentando cada vez menos temor en situaciones concretas hasta que finalmente desaparezca.

Otra de las causas de la falta de autoestima en los niños es la relación con modelos de referencia negativos. Los niños expuestos a un entorno familiar violento tienden a convertirse a su vez en adultos agresivos; los niños cuyas personas de referencia tienen reacciones de miedo exageradas pueden desarrollar una falta de confianza en sus capacidades y sentir, por ejemplo, el miedo a los perros que muestran los adultos sin haber tenido la oportunidad de experimentar por sí mismos (evidentemente con las indicaciones y el cariño del adulto).

A los niños les gusta emular a sus seres queridos, por eso es muy importante ser un modelo adecuado para ellos o, como mínimo, crear situaciones en las que otras personas de referencia faciliten al niño nuevas experiencias.

Los problemas familiares también pueden ser una fuente de tensión. Situaciones tales como el desempleo de los padres o un proceso de divorcio producen miedo, inseguridad y desorientación. Los niños suelen sentirse responsables de la separación y manifiestan comportamientos regresivos. En estos casos los sentimientos de tristeza, rabia, miedo a la pérdida o culpabilidad ayudan al niño a elaborar sus problemas desde el punto de vista emocional. No obstante, si tales conductas persisten debe solicitarse la ayuda de un profesional.

Los niños no pueden desarrollar su autoestima si sufren cualquier tipo de maltrato físico o psíquico.

Desafortunadamente, también es muy común el miedo a la escuela debido a las amenazas de niños mayores. En estos casos las experiencias negativas, sobre todo en los niños pequeños, pueden provocar una falta de autoestima prolongada.

Igualmente, tanto la falta como el exceso de estímulos ejercen una influencia negativa en casos extremos. La escasez de «alimentos» para los sentidos puede ser tan perjudicial para el niño como el exceso de horas frente al televisor o frente al ordenador, si no tiene la posibilidad de comentar o asimilar la multitud de incentivos con otros niños o con los padres.

Asimismo, la posibilidad de que los niños tengan experiencias individuales, así como el tipo de experiencias y su aprovechamiento, dependerán de forma determinante del estilo de educación que pro-

porcionen los padres y educadores. Los niños confían más en sí mismos si reciben la aprobación, reconocimiento y apoyo incondicional de los adultos.

La importancia del jardín de infancia y la escuela

Durante los tres primeros años de vida la autoestima del niño se ve influenciada por las experiencias y vivencias en el seno familiar. Los niños que reciben una educación sobreprotectora o autoritaria de sus padres suelen manifestar inseguridad y un bajo grado de autoestima. Por el contrario, si se educa al niño aceptando sus capacidades, permitiéndole contactos en el entorno externo a la familia y facilitándole espacio libre para sus propias iniciativas teniendo en cuenta su nivel de desarrollo individual, se crearán las bases para un sentimiento de autoestima saludable. Al entrar en el jardín de infancia los niños tienen que abandonar por primera vez el marco protector de la familia; los educadores especializados serán los responsables de acompañarle en su camino hacia la independencia. Normalmente, casi todas las dificultades de adaptación quedan superadas cuatro semanas después del ingreso, ya que los niños han tenido tiempo de conocerse, saben quiénes son sus personas de referencia y han encontrado su lugar en el grupo. Poco a poco aprenden a atenerse a las normas, a compartir, a resolver conflictos y a ayudarse mutuamente. Durante este proceso los niños se relacionan con otros niños y, a medida que van probando, conocen diferentes posibilidades de interrelación social y aprenden a valorar mejor sus propias capacidades, obteniendo, en la mayoría de los casos, resultados positivos y aceptación.

Con el transcurso del tiempo entablan diferentes amistades que luego también dejan de serlo. Las actividades y experiencias compartidas unen al grupo y crean un sentimiento de comunidad. Normalmente, los niños que acuden de buen grado al jardín de infancia se sienten unidos a su grupo y aceptados en función de sus capacidades. Así pues, el jardín de infancia constituye una institución educativa adecuada para establecer contacto con niños de la misma edad y poner a prueba las aptitudes. De este modo las experiencias sociales conforman la base para la autoestima del niño.

Los niños que han vivido experiencias mayormente positivas en el seno familiar y en el jardín de infancia suelen estar ansiosos por empezar la escuela. Esta actitud positiva está marcada por el deseo de formar parte del grupo de niños mayores y de ser más independientes.

En muchos lugares, educadores y maestros colaboran con regularidad para que el traspaso de los niños de una institución a otra se produzca de la forma más natural posible. Dicha cooperación es un requisito fundamental para que el inicio de la escuela sea eficaz. Los profesionales de ambas instituciones comentan también la capacidad escolar de los niños previo conocimiento y aprobación de los padres. Este intercambio sirve básicamente para adoptar con tiempo las medidas de estimulación oportunas para aquellos niños cuya escolarización suscita ciertas reticencias, a fin de evitar fracasos escolares que suelen redundar en miedo al fracaso y en una enorme frustración.

Objetivos de los juegos y ejercicios

Al preguntar a padres y educadores cuáles son los objetivos educativos que persiguen en relación con los niños, casi siempre responden con una lista de aptitudes y capacidades que fomentan la autoestima y el comportamiento social.

Además de todo aquello que los niños experimentan y aprenden día a día en casa, en el parque y en el jardín de infancia, los ejercicios incluidos en este libro proporcionan sugerencias adicionales para reforzar el desarrollo de la autoestima y el comportamiento social, en función de objetivos concretos, como pueden ser los siguientes:

- Descubrir las habilidades en uno mismo y en los demás.
- Desarrollar la imaginación y la creatividad.
- Aprender a confiar en las capacidades de uno mismo.
- Fomentar la facultad de observación.
- Mejorar la capacidad de articulación y comunicación.
- Aprender a defender las opiniones personales.
- Aprender a enfrentarse a la presión del grupo y a decir «no».
- Educar la percepción corporal y la toma de contacto.
- Estimular la motricidad de los movimientos finos y toscos.
- Educar el sentido de orientación espacial.
- Fomentar la rapidez y la destreza.
- Desarrollar el sentimiento de seguridad y de pertenencia al grupo o a la clase.
- Estimular el sentido del equilibrio.
- Aprender a superar riesgos y obstáculos.
- Enfrentarse de modo consciente a los nuevos retos y obligaciones de la vida.
- Aprender a gozar de la vida sin preocupaciones.

Los niños deben poder entender y realizar los juegos y ejercicios sin dificultad. Por eso debe tenerse siempre en cuenta la edad, el grado de desarrollo y la realidad del niño dentro del grupo o la clase.

Reducir distancias y conocerse

Los niños se enfrentan a su primer día en el jardín de infancia y, más adelante en la escuela, con muchas expectativas, pero al mismo tiempo, la adaptación a la nueva situación conlleva también sentimientos y emociones muy diversas. Al principio los recién llegados observan la situación desde una distancia segura. Como es comprensible, primero quieren esperar «a ver qué pasa» porque no disponen de elementos para valorar a las nuevas personas de referencia ni a los demás niños, sobre todo si tienen que explorar el nuevo terreno completamente solos, es decir, si no disponen del apoyo de ningún amigo o amiga del barrio o del jardín de infancia.

Para que los niños nuevos superen las inseguridades más importantes es necesario que los que ya están aclimatados al centro muestren una actitud abierta. Un modo de preparar la llegada de los nuevos es hacer recordar a los demás cómo se sintieron, pues al fin y al cabo no ha pasado tanto tiempo desde que ellos mismos llegaron allí, con el corazón en un puño y rodeados de numerosas caras desconocidas. Los siguientes juegos facilitan el proceso de integración de un niño nuevo en un grupo ya existente. Todos los juegos sirven para despertar la curiosidad mutua de los niños y ayudan a reducir la distancia tanto en el caso de niños nuevos como en el de niños muy retraídos. De este modo perciben que son bienvenidos y aceptados por el grupo.

El baile de la pelota

Material: pelota.
Edad: a partir de 3 años.

Los niños forman un corro y se cogen de las manos. Colocamos una pelota delante de uno de los niños. A continuación todos empiezan lentamente a dar vueltas en el corro mientras cantan la canción popular infantil *El corro de la patata*:

> *Al corro de la patata, comeremos ensalada, lo que comen los señores, naranjitas y limones, arrupé, arrupé, sentadita me quedé.*

Acto seguido, los niños se paran y miran a los otros niños del corro. El que haya quedado más cerca de la pelota debe presentarse a los demás. Finalmente vuelven a formar el corro y cantan la canción de nuevo.

Colores básicos

Material: globos rojos, amarillos y azules, cinta musical y un casete.
Edad: a partir de 5 años.

Cada tres niños cogen un globo de diferente color: uno rojo, uno amarillo y uno azul. Luego, los niños se mueven libremente por la habitación con sus globos siguiendo el ritmo de una música actual. Cuando la música cese, los niños deberán juntarse por grupos de tres, cada uno con un globo rojo, uno amarillo y otro azul y presentarse entre sí. En cuanto la música vuelva a sonar los niños se despedirán y se separarán.

Variante: los niños se van pasando los globos procurando que no toquen el suelo. En cuanto la música cesa, cada uno debe atrapar un globo. A continuación deberán juntarse siempre tres niños con los colores correspondientes y presentarse diciendo su nombre.

El baile de las sillas en corro

Material: una silla menos que el número total de niños, tamboril.
Edad: a partir de 6 años.

Todos los niños menos uno se sientan con las sillas formando un corro. Luego, se levantan y se cogen de la mano. El que no tiene silla da vueltas alrededor del corro con los ojos cerrados y, en un momento dado, señala a uno de los niños. Éste aparta su silla del corro, se coloca en el medio con el tamboril y marca un paso determinado, por ejemplo, andar muy despacio y sin hacer ruido (en este caso frotando circularmente con la punta de los dedos la base del tambor). Los niños deberán moverse en corro muy despacio y sin hacer ruido hasta que el tambor deje de sonar. En ese momento, todos los niños, excepto el del centro, deberán soltarse rápidamente y buscar un sitio. El niño que se quede sin sitio debe presentarse a los demás y será el encargado de marcar el paso con el tambor en la siguiente ronda.

La botella

Material: una botella.
Edad: a partir de 5 años.

Los niños se sientan en corro en el suelo. El mayor empieza el juego; coge una botella vacía, se coloca en el centro del corro y la hace girar mientras dice las palabras siguientes: «Cuando la botella deje de girar se levantará...».
Cuando la botella deje de girar y el cuello quede señalando a uno de los niños, el del centro terminará la frase diciendo el nombre del niño en voz alta: «...¡Sabrina!». A continuación, ambos niños intercambiarán el sitio y será Sabrina quien haga girar la botella.

Los equilibristas se saludan

Material: una soga o cuerda larga.
Edad: a partir de 7 años.

Se coloca una cuerda en el suelo de la habitación o en el exterior. La cuerda debe ser suficientemente larga para que los niños puedan recorrer un trayecto considerable haciendo equilibrios. Los niños se dividen en dos grupos iguales y cada grupo se coloca en fila delante de uno de los extremos de la cuerda. A continuación, los dos primeros niños de cada grupo deberán avanzar sobre la cuerda balanceándose como si fueran equilibristas. Para no caerse deberán mirar hacia delante estableciendo contacto visual. Cuando los dos se encuentren, se darán la mano, se saludarán en voz alta y se presentarán el uno al otro. Y después intentarán adelantarse el uno al otro sin tocar el suelo. Ambos niños seguirán avanzando, procurando mantener el equilibrio hasta que lleguen al grupo contrario. En ese momento les relevarán los siguientes equilibristas, y así sucesivamente, hasta que todos los niños hayan cruzado la cuerda. Este juego sirve para que se conozcan y para educar el sentido del equilibrio, ya que no resulta nada fácil mantenerse en equilibrio sobre la cuerda.

Observarse y observar a los demás mediante el juego

Para poder desarrollar una actitud positiva con respecto al cuerpo y un grado de autoestima saludable, los niños deben tomar conciencia de su persona, lo cual implica que son capaces de conocerse a sí mismos: «Éste es mi aspecto, éstos son mis labios, mis piernas son así de largas...». Para ello se utiliza, por ejemplo, un espejo, en el que los niños puedan observar su cuerpo por todas partes y hacer toda clase de muecas. Al observarse con atención y hablar sobre sus propias sensaciones aprenden a valorarse. Los niños que confían en sus capacidades saben lo que quieren y sus opiniones dependerán en menor medida de los demás. La seguridad adquirida se manifiesta también en el lenguaje corporal. Las personas optimistas no sólo se muestran más abiertas con los demás y sonríen con frecuencia, sino que su actitud global también es una muestra de la curiosidad e interés que sienten por contactar con su entorno. En cambio, los niños tímidos o miedosos suelen mirar al suelo, inclinan la espalda hacia delante y, en general, parecen más bajos de lo que son, como si quisieran decir «en realidad, no estoy aquí».

Mediante los siguientes juegos para observarse y observar a los demás, los niños aprenden a conocerse y aceptarse mejor a sí mismos y a otras personas. La experiencia que extraigan de ello determinará si empiezan a entablar amistades o prefieren esperar un tiempo.

Mi imagen en el espejo

Material: un espejo grande.
Edad: a partir de 6 años.

Uno detrás de otro, los niños se colocan frente al espejo y observan su cuerpo por todos los lados. Cuando todos hayan tenido tiempo de contemplarse minuciosamente, se juntarán formando un corro. A continuación, el niño mayor empieza el juego pidiendo por ejemplo a todos los que tienen los ojos azules o a todos los que llevan un jersey rojo que se sitúen en el medio. Los niños se observan con detenimiento para ver si alguno ha cometido un error. Si efectivamente todos los niños de ojos azules o con un jersey rojo están en medio del corro, entonces otro niño puede empezar la ronda siguiente poniendo una nueva condición.

Variante: en medio del corro se sitúan los que tienen las mismas aficiones, por ejemplo, nadar, escalar o escuchar algún tipo determinado de música.

¿Conoces tu cuerpo?

Edad: a partir de 4 años.

Todos los niños, excepto uno, se colocan en fila y cierran los ojos. El que ha queda-do fuera se sitúa delante de los demás y les va indicando lo que deben hacer, por ejemplo, tocarse la nariz, la boca o la pierna derecha con las manos y sin abrir los ojos. Después de cada instrucción, los niños abren brevemente los ojos para comprobar si tienen la mano en el lugar correcto del cuerpo. Si uno de ellos se ha equivocado puede volver a intentarlo. Después de tres rondas se designa a otro para que dé las indicaciones.

¿Te acuerdas de qué aspecto tienes?

Material: espejo.
Edad: a partir de 4 años.

Primero uno de los niños se contempla en el espejo de arriba abajo. Deberá fijarse en tantos detalles como le sea posible, como el color de su pelo o la cadena que lleva al cuello. A continuación cerrará los ojos y los demás le harán preguntas sobre sus características o sobre lo que lleva puesto. Si la respuesta es incorrecta, el que pregunta podrá probar su suerte. Y si el niño consigue responder correctamente a todas las preguntas, escogerá al siguiente que deberá mirarse en el espejo.

El baile de la serpiente

Material: aros y música para bailar.
Edad: a partir de 6 años.

Uno de los niños del grupo es la cabeza de la serpiente y empieza a moverse libremente por la habitación al ritmo de la música. El resto se reparten por toda la habitación y cada uno se sienta dentro de un aro. Los niños observan con atención al que baila, mientras éste escoge a otro niño que se sitúa detrás de él y, los dos, uno detrás de otro, siguen bailando al ritmo de la música hasta que escogen a un tercero. De este modo van formando una serpiente y van moviéndose con la melodía hasta que sean cinco los niños que bailan. Entonces, los demás deberán situar de nuevo a cada uno de los cinco en sus respectivos aros. Cuando los cinco se hayan sentado de nuevo en sus aros empezará la ronda siguiente.

El original y la copia

Edad: a partir de 7 años.

Mientras uno de los niños espera fuera de la habitación el grupo escoge a otros dos; uno de éstos hará un movimiento y el segundo deberá repetirlo con la mayor exactitud posible. A continuación, el niño que ha salido entra de nuevo en la habitación. El grupo empieza a moverse libremente por el cuarto y él deberá observarlos con mucha atención para descubrir a los dos que realizan los mismos movimientos. El juego se vuelve más difícil si el niño debe distinguir además el original (el que guía) de la copia (el que le sigue). Si consigue descubrir al original y la copia, el juego vuelve a empezar desde el principio.

Repartir regalos

Material: tantos juguetes como niños.
Edad: a partir de 8 años.

En medio del corro de sillas se colocan diferentes juguetes de un tamaño que quepa dentro de la mano. Uno de los niños empieza el juego repartiendo los juguetes. Los niños esconden su juguete en la mano o, si es demasiado grande, a la espalda. A continuación, el del medio debe decir qué juguete le ha tocado a cada uno. Luego, uno por uno los niños abren la mano para que el del centro compruebe si ha acertado. Si no acierta o no se acuerda, los demás deberán ayudarle. Cuando todos hayan mostrado su juguete empieza de nuevo el juego, esta vez con otro niño en el centro.

Variante: los niños del grupo entregan los diferentes juguetes a un solo niño y éste debe recordar quién le ha regalado cada juguete.

La caza de colores

Material: cintas de colores, tambor.
Edad: a partir de 8 años.

Un niño coge el tambor y los demás se dividen en tres grupos iguales. Cada grupo recibe cintas de un color determinado, que deberán ponerse. Luego cada grupo designará a uno de sus componentes para que sea el cazador. A continuación, todos se mueven por la habitación al ritmo del tambor. Cuando el tambor deja de sonar, el niño dice en voz alta el nombre de un color. Entonces, los que lleven la cinta de ese color deben intentar escapar rápidamente del cazador de su grupo. Los demás se quedan quietos y observan con interés. Si el cazador consigue atrapar a todos los de su grupo antes de que el tambor vuelva a sonar, empieza la ronda siguiente.

¿Quién va con quién?

Material: triángulo.
Edad: a partir de 9 años.

Todos los niños, excepto uno, se ponen a andar alrededor de la habitación. En un momento dado, el que está quieto coge el triángulo y lo hace sonar una vez. Entonces, los demás deberán buscar una pareja y cogerse de la mano. Luego seguirán andando por parejas alrededor de la habitación y cada uno dirá su nombre al compañero en voz baja. El niño del triángulo debe observar a cada pareja con mucha atención porque cuando crea recordar las caras de los miembros de todas las parejas volverá a tocar el triángulo. En ese momento, las parejas se separarán y se dispersarán por la habitación, y el niño deberá intentar volver a reunirlas. Cuando todos lleven a la pareja correcta cogida de la mano, será el turno del siguiente niño.

¿Cómo estás?

Para responder a esta pregunta sinceramente en lugar de articular un simple y desenfadado «bien, gracias», el niño tiene que saber cuáles son sus sentimientos, ser capaz de distinguir emociones diferentes y aprender a valorarlas. Lo cierto es que no es una tarea fácil. Al fin y al cabo, muchos adultos tienen dificultades para distinguir sus propios estados emocionales y expresarlos con palabras. En realidad los niños manifiestan sus estados de ánimo con más espontaneidad y sinceridad que los adultos. Los ejercicios siguientes ayudan a los niños a confrontar sus sentimientos de un modo consciente y a liberar emociones negativas. Así, mediante el juego descubren diferentes posibilidades de percibir sus sentimientos, identificarlos y transmitirlos a los demás. Además, también aprenden a conocer y aceptar los sentimientos de otras personas.

La bola de cristal

Material: una bola de aspecto divertido, por ejemplo, de madera o cristal.
Edad: a partir de 4 años.

Los niños pequeños en particular tienen dificultades para explicar sus experiencias y sentimientos ante un grupo. Este ejercicio resulta útil para que el niño no se sienta constantemente observado mientras explica su vivencia.

Los niños se sientan con las sillas en corro y se miran unos a otros. Cuando reine el silencio necesario, se entrega la bola a uno de los niños y, con ella, toma la palabra. El niño puede mirar a sus compañeros o a la bola mientras esté hablando. Los demás le escuchan con atención y piensan las preguntas que le harán a continuación. Cuando haya terminado, entregará la bola a otro niño.

Identificar sentimientos

Material: cojines, un muñeco de peluche, un vaso lleno de agua.
Edad: a partir de 5 años.

En medio del corro se colocan diferentes objetos que representan determinados sentimientos. Por ejemplo, se pueden adoptar los siguientes acuerdos:

- cojín: estar cansado, sentirse desanimado;
- oso de peluche: estar despejado, sentirse bien;
- vaso de agua: estar triste, sentirse mal.

Cuando todos los niños conozcan el significado de cada objeto, se levanta el primero y coge un objeto. Luego se sienta de nuevo en su sitio y explica al grupo por qué ha escogido precisamente ese objeto.

Variante para niños mayores: se describen o se representan otros sentimientos mediante gestos. Después el grupo escoge un objeto adecuado para representar cada sentimiento.

Sentimientos con sonido

Material: aros, tambor, carraca, campana.
Edad: a partir de 5 años.

Primero, los niños escuchan atentamente el sonido de un tambor, de una carraca y de una campana. Una vez todos los niños conozcan los nombres de los instrumentos y los diferentes sonidos, y sepan distinguirlos, deberán pensar qué sonido se adaptaría mejor a la expresión musical de los sentimientos de tristeza, rabia y alegría. A continuación, todos excepto uno se reparten por la habitación y se sientan cada uno dentro de un aro. El que está de pie hace sonar uno de los instrumentos, por ejemplo la campana, que expresa musicalmente el sentimiento de alegría. En este caso se levantarán los que estén alegres y recorrerán la habitación saltando al son de la campana. Cuando la campana deja de sonar, regresan a su sitio dentro del aro y explican por qué hoy están alegres. Seguidamente le toca el turno a un nuevo instrumento que expresa otro estado emocional. Cuando todos los niños hayan podido transmitir sus estados de ánimo actuales, el que toca los instrumentos expresará su estado de ánimo musicalmente.

Sentimientos al vuelo

Material: papel transparente, lápices, tijeras, cinta adhesiva, una ventana para pegar los dibujos sobre el cristal.
Edad: a partir de 6 años.

Primero, cada niño debe dibujar una cometa o un globo sobre el papel transparente y recortar la silueta con las tijeras. A continuación, se sientan con las sillas en corro y el mayor explica al grupo cuál es su estado de ánimo en ese momento. Después, coge su cometa o su globo y lo pega sobre el cristal de la ventana, teniendo en cuenta que cuanto mejor se sienta, más alta deberá pegar la cometa o el globo. Si su estado de ánimo es muy alegre quizá tenga que subirse a una silla para pegar el símbolo de sus sentimientos lo más alto posible. Luego será el turno del niño siguiente, y así sucesivamente, hasta que todas las cometas y los globos estén pegados en la ventana y los niños puedan contemplarlos.

Curva de sentimientos

Material: una cuerda y un tapón de corcho para cada niño.
Edad: a partir de 7 años.

Cada niño coge una cuerda y la extiende dibujando un semicírculo que representa una curva de sentimientos. Antes de situar el tapón de corcho en un punto concreto de la curva, cada uno debe pensar muy bien cómo se siente en ese momento. Así, los que estén muy contentos colocarán el tapón en el punto más alto del semicírculo. En cambio, los que no estén tan contentos deberán colocarlo un poco más lejos del extremo de la cuerda. Finalmente, todos comentarán sus estados de ánimo.

Variante: los niños dibujan una curva de sentimientos en un papel y marcan sus sentimientos con un punto sobre la curva.

Escala de estados de ánimo

Material: rollo de papel, ceras de colores, regla, tijeras, cinta adhesiva, fotografías tamaño carnet de los niños.
Edad: a partir de 7 años.

Una vez extendido el rollo de papel, cada niño dibuja una escala de un metro de longitud para colocarla en la habitación y la divide marcando una raya horizontal cada diez centímetros. Luego, los niños dibujan una cara encima de cada raya que representa un estado de ánimo. Cuanto más lejos estén las caras del suelo, más alegres deben parecer. A continuación recortan sus escalas de sentimientos y las pegan en la pared en sentido vertical unas al lado de otras. Después cogen las fotografías y las pegan con cinta adhesiva junto a una de las caras mientras explican cuál es su estado de ánimo en ese momento. Al día siguiente pueden comprobar si su estado de ánimo ha cambiado o no. En caso afirmativo deben pegar la fotografía en el lugar correspondiente.

Diana de estados de ánimo

Material: madera de contrachapado, sierra de marquetería, compás, rotulador negro, cinta adhesiva, cartón, tijeras.
Edad: a partir de 9 años (a partir de 7 con ayuda).

Los niños cortan con la sierra un gran círculo de madera que será la diana, la dividen con el compás en seis círculos de la misma anchura y repasan cada círculo con el rotulador negro. A continuación marcan cada una de las áreas con una cifra, empezando por veinte y terminando por cien. Después cada niño recorta un rectángulo pequeño de cartón y escribe su nombre en él con letra clara. El niño mayor del grupo coge su tarjeta, describe su estado de ánimo actual y le adjudica una puntuación. Si su estado de ánimo es excelente, pega su tarjeta en la zona con la cifra más alta. Uno tras otro, todos los niños van pegando la tarjeta con su nombre en la diana de estados de ánimo. Finalmente los niños observan la diana con atención e intentan explicar entre todos por qué algunos se sienten muy bien y otros no tanto.

Desarrollo de la autoestima a través de experiencias sensoriales

Ya desde sus primeros días de vida los niños necesitan atención y contacto corporal para su salud física y emocional. Protegerles, darles afecto y confiar en sus capacidades les proporciona una gran sensación de seguridad. Los bebés, por ejemplo, miran los objetos por todos los lados, los cogen con la mano y se los introducen en la boca; así van conociendo las características de las cosas y diferenciándolas, es decir, a través del juego comprenden su entorno y descubren sus capacidades. Por eso, para desarrollar su autoestima, los niños necesitan experimentar con los sentidos y tener modelos de referencia que los quieran y acepten en función de sus capacidades.

Los niños que desde muy temprana edad tienen la posibilidad de experimentar y de ampliar sus horizontes a través del juego desarrollan una gran imaginación y creatividad. Además, aprenden a superar el miedo y la inseguridad en situaciones cotidianas, y a no rendirse ante cualquier dificultad. Los juegos para educar los sentidos son primordiales, sobre todo en el caso de niños muy pequeños. También puedes seguir practicándolos con tus hijos más crecidos mientras se divier-

tan con ellos; así, escuchando atentamente, observando con interés, oliendo, palpando y degustando en un ambiente tranquilo y agradable, irán desarrollando su autoestima. Los juegos para educar los sentidos que se ofrecen a continuación sirven para desarrollar uno o dos sentidos a la vez.

¿Dónde está el patito de goma?

Material: un patito de goma, un pañuelo (si es necesario).
Edad: a partir de 3 años.

Los niños se sientan en el suelo formando un corro. El niño más pequeño del grupo se quita los zapatos, se levanta y cierra los ojos (o se los tapan con un pañuelo). Luego, otro de los niños coge el patito de goma y sin hacer ruido, lo coloca en el medio. A continuación, el que tiene los ojos tapados deberá encontrar el pato palpando con cuidado el suelo con los pies. Cuando el pato suene empieza la ronda siguiente.

Variante: dos o tres niños buscan el patito de goma a la vez.

El gato y el ratón

Material: un ratón de madera o barro.
Edad: a partir de 3 años.

Para este juego se necesita una figurita en forma de ratón que se puede confeccionar cortando una silueta de madera o moldeando la figura con barro. Todos se sientan en el suelo formando un corro. Dos niños salen al centro. Uno de ellos cierra los ojos; el otro, el gato, se esconde el ratón debajo del jersey, en el bolsillo del pantalón, en el zapato o debajo de la gorra. Luego, los niños cantan la conocida canción popular:

> *Ratón, que te pilla el gato,*
> *ratón, que te va a pillar*
> *si no te pilla esta noche,*
> *te pilla a la madrugada.*

Mientras los del corro cantan, el que tiene los ojos cerrados busca el ratón palpando con cuidado al gato. Tiene que encontrar el ratón antes de que termine la canción. En la ronda siguiente salen otros dos niños al centro del corro.

Pasarse un muñeco

Material: un muñeco de peluche, triángulo.

Edad: a partir de 4 años.

Todos los niños, excepto uno, se sientan con las sillas en corro y cierran los ojos. Después, uno de los niños del corro entrega a otro un muñequito de peluche procurando hacer el menor ruido posible. El que tiene el triángulo se coloca en el centro del corro, observa cómo su compañero palpa cuidadosamente el muñeco y en un momento dado hace sonar el triángulo. Entonces, el que sostiene el muñeco deberá pasarlo en silencio al niño que tiene a su derecha. El proceso se repite hasta que el muñeco llegue a manos del primero que lo entregó.

El bosque de los instrumentos

Material: cuerda, diferentes instrumentos musicales (carraca, triángulo, tambor, etc.).

Edad: a partir de 5 años.

En este juego cuatro niños llevarán la cuerda y los demás cogerán cada uno un instrumento y se colocarán en diferentes puntos de la habitación representando un bosque de instrumentos. Una vez situados, el juego puede empezar.

Uno de los niños coge el extremo de la cuerda y los otros tres se ponen en fila, se agarran de la cuerda con la mano y cierran los ojos. El primero debe ir guiando a los otros por toda la habitación. Cuando el niño guía se pare delante de un «árbol-instrumento», los que van con los ojos cerrados escucharán atentamente, intentando reconocer el instrumento por el sonido. Cuando lo hayan hecho con un máximo de seis instrumentos diferentes, abrirán los ojos y enumerarán los instrumentos que había en el bosque.

Variante: la mitad del grupo se pasea por el bosque de instrumentos por parejas.

El perro rastreador

Material: un trocito de algodón para cada niño, esencia de limón.
Edad: a partir de 4 años.

En primer lugar, uno de los niños vierte dos gotas de aceite de limón en un trocito de algodón y huele profundamente la esencia. Después coloca el algodón junto a los otros y cierra los ojos. En ese momento empieza a actuar como un perro rastreador capaz de distinguir el olor a limón con su fino olfato. A continuación, cada niño coge un trocito de algodón. Uno de ellos será el ladrón que el perro debe desenmascarar con su olfato. Luego, se dispersan por la habitación y se sientan con las piernas cruzadas colocando el trocito de algodón sobre una pierna. Entonces el «perro» rastrea atentamente la habitación en busca del ladrón, parándose delante de cada niño y olfateando los algodones. Si el perro cree que huele el aroma del limón, levantará una pata y abrirá los ojos.

Indicación: para practicar ejercicios olfativos con niños muy pequeños resulta más útil el corro de sillas. La búsqueda del ladrón es más sencilla si un policía acompaña al perro y le da instrucciones.

Voces conocidas

Edad: a partir de 6 años.

Los niños se sientan con las sillas en corro y uno de ellos cierra los ojos. Con una señal se designa a tres o cuatro, que inician una conversación. El que tiene los ojos cerrados escucha atentamente e intenta reconocer las diferentes voces. Cuando crea estar seguro, levantará la mano y dirá los nombres de los niños en voz alta. Luego abrirá los ojos y comprobará si ha acertado.

Variante: el juego se vuelve más difícil si los tres o cuatro niños pronuncian una frase a la vez o cantan una canción.

Serpiente de juguetes

Material: una caja, diversos juguetes (cada uno repetido), un pañuelo grande.
Edad: a partir de 7 años.

En el interior de la caja hay diversos juguetes, cada uno repetido. Uno de los niños del grupo empieza cogiendo un juguete de la caja y poniéndolo en el suelo. Luego le toca a otro niño, el cual pone el juguete que ha escogido detrás del otro. El proceso se repite hasta que se haya formado una serpiente de doce juguetes diferentes como máximo, y después el grupo deberá observarla atentamente. A continuación se cubre la serpiente con un pañuelo grande. Los niños deben intentar formar una segunda serpiente exactamente igual que la primera. Al terminar han de destapar la primera serpiente y comparar el resultado.

Figura sonora

Material: diferentes instrumentos musicales como un tambor, una carraca, platillos.
Edad: a partir de 7 años.

Uno de los niños del grupo sale de la habitación. El resto coge cada uno un instrumento musical y entre todos eligen una figura determinada, por ejemplo, un triángulo o un cuadrado. Luego, el grupo se coloca en corro; el que ha salido vuelve a entrar, se sitúa en medio del corro y cierra los ojos. A continuación, el grupo forma la figura previamente acordada sin hacer ruido. El niño del medio deberá moverse dentro de la figura. Para que no tropiece con los demás, éstos le ayudarán con los instrumentos; es decir, cuando se acerque demasiado a otro, sonará un instrumento. Transcurrido un espacio de tiempo previamente acordado, abrirá los ojos y observará la figura que forman sus compañeros. Luego explicará al grupo sus sensaciones mientras se movía con los ojos cerrados.

Variante para niños mayores: deberá adivinar además la figura en cuyo interior se ha estado moviendo.

En la tranquilidad reside la fuerza

En cualquier lugar y momento podemos sentir los cálidos rayos de sol sobre la piel, saborear un vaso de agua fresca, oler el perfume de las flores, escuchar el canto de los pájaros o contemplar un paisaje lleno de matices sólo con la imaginación. Las visiones y sueños que surgen en la mente durante este proceso son muy diferentes. En sus primeros años de vida los niños viven en un mundo mágico propio y por eso les gusta especialmente utilizar la imaginación para ampliar las rígidas fronteras de la realidad. Los juegos que surgen espontáneamente estimulan la imaginación y la creatividad de los niños. Así, por ejemplo, resulta fascinante observar cómo en la imaginación del niño el compañero se convierte en caballo y una simple cuerda sirve de riendas. Dejándose llevar por su fantasía los niños pueden llegar a eliminar sus tensiones interiores y aprender a enfrentarse a su rutina cotidiana.

Desde que el niño empieza la escuela, su visión del mundo está cada vez más determinada por el realismo de los adultos; la imaginación pasa a ocupar un segundo plano cediendo el paso a los conocimientos y la reflexión. Sin embargo, los niños (y naturalmente, también los adultos) necesitan tener sus propias fantasías para desarrollar su personalidad. Por eso es importante velar para que la imaginación no pierda su lugar en favor de la realidad.

Gracias a la postura relajada y a las indicaciones verbales directas, los viajes imaginarios permiten a los niños interiorizar fácilmente los apartados de entrenamiento autógeno contenidos en la mayoría de relatos, como los referentes al silencio, al peso o al calor. También se trabaja en muchas ocasiones la respiración.

Preparación para el viaje imaginario

1. Asegúrate de que tanto tú como tu hijo estéis suficientemente tranquilos.
2. Antes de empezar es conveniente que tu hijo haga un breve ejercicio de relajación. Si está inquieto, empieza con un breve juego de movimiento.
3. Si el viaje imaginario se realiza con otros niños, es importante tener en cuenta el tamaño y la composición del grupo. Un grupo demasiado grande o compuesto por muchos niños de corta

edad o por niños que llaman la atención pueden constituir graves factores de distorsión.

4. Dispón un espacio libre de ruidos exteriores, con una luz suave adecuada y temperatura agradable.

5. La luz de unas velas proporciona un ambiente íntimo.

6. Asegúrate de que tu hijo haya ido al lavabo antes de realizar el viaje imaginario.

7. El niño deberá echarse sobre una manta o una colchoneta. Si quiere, puede quitarse los zapatos.

8. Guía a tu hijo en la relajación.
   En primer lugar, indícale que se tienda preferiblemente sobre la espalda con los brazos ligeramente flexionados y las piernas extendidas. Luego, ha de cerrar los ojos o fijarlos en un punto determinado. Si el viaje imaginario se lleva a cabo en grupo, con las sillas en corro, los niños deben sentarse bien derechos, con la cabeza erguida y las piernas algo separadas, y además apoyar las manos cómodamente sobre los muslos y cerrar los ojos.

9. Empieza el viaje imaginario siempre con la misma introducción, por ejemplo:
   «Silencio, silencio, empieza tu viaje imaginario. Estás cómodamente tumbado porque deseas relajarte. Ahora puedes cerrar los ojos y disfrutar con toda tranquilidad de tu viaje imaginario».

10. Relata la historia con el tono más neutro posible, a un ritmo pausado y con voz sosegada.
    Asegúrate de intercalar diversas pausas para que tu hijo pueda elaborar sus imágenes interiores.

11. Deja que regrese lentamente de su viaje imaginario y se levante del suelo. Luego, procura que tenga tiempo suficiente para intercambiar sus experiencias o para dibujarlas.

La fuerza del viejo roble

Edad: a partir de 6 años

Es una preciosa mañana de domingo. Los primeros rayos de sol entran en tu habitación y te despiertan. Te frotas los ojos para despejarte y te levantas lentamente.

Tienes ganas de dar un corto paseo y respirar aire fresco.

Entonces miras por la ventana y te das cuenta de que ha llovido por la noche. Justo delante de ti un pequeño gorrión se está bañando en un gran charco. Como también te gusta mucho chapotear en los charcos, te pones las botas de goma para el agua, te guardas las llaves de casa en el bolsillo del pantalón y sales al exterior.

Vas andando a lo largo de la calle hasta que llegas al parque. Entras en él y paseas por la hierba. Sientes las suaves briznas de hierba bajo tus pies. Sigues caminando lentamente hasta que llegas a un árbol grande repleto de hojas.

Por las hojas lobuladas y los frutos, puedes ver que se trata de un roble que se alza fuerte y poderoso con su espesa copa y su robusto tronco.

Seguro que tiene varios siglos de edad. ¿Cuántas cosas habrá vivido?

Extiendes los brazos, los colocas alrededor del vigoroso tronco del roble, lo abrazas y sientes la corteza llena de surcos del robusto tronco.

Puedes sentir la agradable pesadez del roble.

El roble se alza fuerte y seguro en el parque. Es la misma fuerza que está dentro de ti.

Tocas suavemente la corteza del árbol y sientes cómo el roble te va transmitiendo su tranquilidad.

Estás muy relajado y disfrutas del silencio.

Una suave brisa mueve las ramas y las hojas ligeramente hacia un lado y hacia otro.

Inspiras y espiras con regularidad, inspiras y espiras.

Sientes la alegría de vivir en tu interior y descubres muchos escarabajos y hormiguitas recorriendo la corteza. Cerca de la copa distingues un pájaro que busca insectos en las rendijas del tronco.

Una pequeña ardilla salta ágilmente de una rama a otra.

El viejo roble está lleno de vida. Ofrece alimento y refugio a un sinfín de animales.

Contemplas al poderoso roble durante un rato con profundo respeto. Levantas la vista y miras la espesa corona cuyas ramas atraviesa la luz del sol. Por un breve instante puedes sentir los cálidos rayos sobre tu piel.

Sientes un calor muy agradable por todo el cuerpo.
Respiras con regularidad, inspiras y espiras, inspiras y espiras.
Te sientes bien y estás muy relajado.

Los rayos de sol atraen a la gente al exterior, a la naturaleza. A lo lejos se oyen pasos, voces fuertes y ruidos de motores.

Es hora de volver a casa. Te despides de tu viejo roble y empiezas a andar.

Ahora sabes que cuando necesites recuperar fuerzas sólo tienes que volver a abrazar al roble.

Breve pausa.

Ahora regresas lentamente del viaje y abres los ojos.

Te apoyas cómodamente sobre un lado y te levantas. Cierras las manos formando un puño y te estiras todo lo que puedas. Luego dices en voz alta:

¡Estoy lleno de fuerza como el roble del parque!

La mariquita segura de sí misma

Edad: a partir de 6 años.

Todo es posible en tu imaginación; por eso, imagínate que eres una mariquita pequeña, roja y con siete puntitos negros. Eres un insecto muy pequeño, pero sabes que puedes ser extraordinariamente útil para las personas. Como te comes el pulgón para vivir, los agricultores y jardineros respetuosos con el entorno te pueden emplear junto con muchas otras mariquitas para proteger las cosechas. Estás orgullosa de poder contribuir de forma importante a cuidar las plantas. Tu alto grado de autoestima se refleja también en tu aspecto exterior. No sólo eres bonita, sino que sabes disfrutar de las cosas bellas de la vida.

Así que sales y te paseas por encima de una suave hoja. Sientes el silencio a tu alrededor y aprovechas para descansar un rato.

Estás totalmente relajada y te sientes protegida.
Sientes los cálidos rayos de sol acariciándote el alma y el cuerpo.
Respiras con regularidad, inspiras y espiras, inspiras y espiras. A tu alrededor todo está tranquilo y la calma también está dentro de ti.

Luego te estiras un poco y levantas la vista hacia el cielo azul. En el horizonte ves el arco iris. Es precioso contemplar sus brillantes colores. También las flores del prado muestran su colorido más vivo... ¡y cómo huelen! ¿Puedes oler su perfume?

Unas hormigas diminutas se deslizan sobre las plantas. Te asombra la decisión con que siguen su camino.

Lo contemplas todo tranquilamente hasta que de pronto descubres la sombra de un pájaro sobre el prado. Aunque a primera vista eres un ser minúsculo y desamparado, reúnes todo tu valor y segregas un líquido amarillo que huele muy mal. El desagradable olor se extiende enseguida y ahuyenta al pájaro. Respiras aliviada y te alegras de seguir con vida. Continúas tu paseo y sientes cómo la calma regresa lentamente a tu interior. La hierba suave, el perfume de las flores y el agradable aire fresco son todo un placer para los sentidos.

Estás muy relajada y respiras con regularidad, inspiras y espiras, inspiras y espiras.

Escondida bajo la hierba espesa, te sientes segura y protegida.

Descansas un poco y recuperas fuerzas gracias al silencio.

Poco a poco te vuelves a sentir con fuerzas para subir hasta la cima de un tallo de
hierba. Cuando llegas a la meta, extiendes tus pequeñas alas con cuidado y te
marchas volando.

Breve pausa.

Lentamente terminas tu viaje y regresas a
la habitación. Abres los ojos y te tumbas
lentamente sobre el costado. Luego te estiras, aprietas las manos en un puño y con
gran decisión gritas en voz alta:

*¡Soy tan fuerte como la mariquita de mi
imaginación!*

La fuerza del muñeco de nieve

Edad: a partir de 6 años.

Una espléndida tarde de invierno sales a dar un paseo. Los carámbanos cuelgan de los canalones de los tejados y las plantas se resguardan del frío intenso bajo una capa de nieve. Algunos animales, como las marmotas, han hecho acopio de reservas durante el otoño y ahora están invernando.

La naturaleza descansa y no despertará a la nueva vida hasta que llegue la primavera. Aunque hace mucho frío, gracias al abrigo que llevas puesto, a los gruesos guantes y a la suave bufanda te sientes muy bien.

Estás totalmente relajado y respiras con regularidad, inspiras y espiras, inspiras y espiras.

Estás disfrutando del silencio que te rodea y decides continuar andando por el prado cubierto de nieve. Sobre la espesa capa blanca distingues las huellas de un gato. Caminas sin hacer ruido por el prado cubierto de nieve y escuchas atentamente el sonido de los copos de nieve que caen flotando suavemente del cielo. Un copo diminuto se aproxima danzando desde el cielo azul hasta posarse directamente en la punta de tu nariz. ¿Lo sientes?

Sigues caminando despacio, hasta que a lo lejos distingues un gran muñeco de nieve. Los ojos negros como el carbón, la larga zanahoria por nariz, el alto sombrero de copa sobre la cabeza y un gran palo de escoba le dan un aspecto magnífico. Te gustaría mucho contar todas tus preocupaciones y deseos a un muñeco de nieve como éste, y él, considerado y paciente, te escucha gustoso.

Ese muñeco de nieve que ha tenido que soportar tantas mañanas de sol y tantas terribles tormentas te da nuevas esperanzas. Ahora sabes que no eres el único que tiene problemas, así que abrazas al robusto muñeco de nieve y recobras nuevas fuerzas.

Todo está tranquilo a tu alrededor y sientes también la calma dentro de ti. Respiras con regularidad, inspiras y espiras, inspiras y espiras.

Sientes la fuerza del muñeco de nieve y te sientes seguro.

Con mucha calma te despides de tu muñeco de nieve y regresas a casa. Durante mucho tiempo te acuerdas de tu gran amigo, el muñeco de nieve, pero ahora sabes que siempre habrá alguien a quien puedes confiar tus problemas y deseos.

Breve pausa.

Estás de nuevo en tu habitación y abres los ojos. Te tumbas cómodamente sobre el costado y te levantas muy despacio. Te estiras tanto, tanto, como un gigante. Aprietas las manos en un puño y pronuncias las frases siguientes en voz alta y fuerte:

¡El muñeco de nieve me ha dado fuerzas! ¡Vuelvo a estar en forma para todo el día!

La excursión del pequeño salmón

Edad: a partir de 7 años.

Una vez tumbado cómodamente, imagínate que eres un salmón pequeño.

Nadando en el agua dulce del río te sientes bien y seguro. Todo a tu alrededor está en calma y al mismo tiempo lleno de vida. Conoces cada piedra, cada planta y cada pez del río. Tienes muchos amigos, pero también conoces a tus enemigos naturales y sabes que tienes que protegerte de ellos. Te escapas de tus enemigos nadando a toda velocidad y te alejas del peligro. Al cabo de un rato miras con atención a tu alrededor y sigues nadando tranquilamente.

Estás totalmente tranquilo y sientes la calma también en tu interior. Respiras con regularidad, inspiras y espiras, inspiras y espiras.

Los brillantes rayos de sol centellean como miles de diamantes y bailan sobre la superficie calentando el agua fría.

Disfrutas de la agradable sensación de la cálida agua sobre tu cuerpo.

Tu entorno conocido te proporciona seguridad y te da fuerzas para enfrentarte con éxito a nuevas misiones. Sientes que ha llegado el momento de conocer el mar. Antes de partir te despides de todos tus amigos.

Durante tu excursión hacia el mar vives muchas experiencias y haces muchos amigos nuevos. Aunque cada día recorres una distancia de hasta cien kilómetros, el camino se te hace infinitamente largo, pero sabes que todo lleva su tiempo y que está bien que sea así. De vez en cuando haces una breve pausa y descansas un poco. Sueñas con el inmenso mar y te imaginas cómo debe ser. Te sientes bien y seguro.

Estás totalmente tranquilo y sientes la calma también en tu interior. Respiras con regularidad, inspiras y espiras, inspiras y espiras.

Antes de seguir nadando, dejas volar tu imaginación durante un rato. Cuando has recuperado fuerzas suficientes, continúas nadando lentamente hasta que a lo lejos divisas el mar. ¿Puedes oler el agua salada? Lleno de contento nadas un poco más rápido y finalmente llegas al mar.

Allí descubres una infinidad de cosas bellas, mucho más bonitas de lo que jamás hubieras soñado. Quizá después pintarás un cuadro marino en el que aparezcan trozos de coral, erizos, caballitos de mar y los peces pequeños y grandes que puedes ver.

Lo observas todo con tranquilidad para poder contar luego muchas aventuras e historias marinas a tus amigos del río.

Pero antes de regresar al río todavía vives muchos años feliz y contento en el ancho e inmenso mar.

Breve pausa.

Lentamente regresas de tu viaje hasta que llegas a la habitación. Abres los ojos, te tumbas cómodamente sobre el costado y te levantas. Finalmente te estiras y aprietas las manos en un puño. Lleno de energía dices con voz alta y clara:

¡Estoy tan alegre y animado como un pez inmenso!

No estás solo

Edad: a partir de 8 años.

Imagínate que vuelves al pasado y contemplas de nuevo tu vida.
Reconoces a distintas personas que conociste en algún momento.

Breve pausa.

Lo primero que ves al mirar atrás en tu vida es a ti en tus primeros años de existencia. Con gran esfuerzo estás aprendiendo a andar paso a paso por la sala de estar. Tus padres te cogen de la mano y te dan mucha seguridad.

Recuerda cómo encontraste orientación y apoyo.

Breve pausa.

Cada vez más a menudo consigues agarrarte de algún mueble, levantarte y dar algunos pasos sin ayuda. Quieres descubrir el mundo que te rodea con todos los sentidos, así que coges los objetos con la mano, pero también intentas explorarlos con la boca, la nariz y los oídos.

Siente nuevamente tu curiosidad.
¿Qué fue lo que te impulsó a descubrir tu entorno?

¿Qué cosas te proporcionaron seguridad?

Breve pausa.

Ahora das un pequeño salto en el tiempo y te ves a punto de entrar en el jardín de infancia. Tienes muchas ganas de empezar, pero por primera vez tienes que salir solo del entorno al que estás acostumbrado. Tantos niños desconocidos y la nueva disposición de las cosas te dan un poco de miedo.

Recuerda qué sensaciones tuviste y qué pensamientos te cruzaron por la mente.

Breve pausa.

Te escondes en un rincón y observas a los demás niños jugando. Entonces reúnes todo tu valor y te pones a jugar con algunos niños. Pasados algunos días ya tienes nuevos amigos.

¿Qué cosas hacías con tus amigos?
Recuerda cómo te sentías entonces.

Breve pausa.

Después de la época en el jardín de infancia vas a empezar a ir a la escuela. Ahora ya eres mayor. Para ir a la escuela tienes que volver a dejar el entorno al que estabas acostumbrado. Para tu primer día de escuela te dan una cartera y una bolsa para la merienda.

Recuerda cómo transcurrió tu primer día de escuela. ¿Quién estaba allí para celebrarlo? ¿Qué es lo que más te gustó?

Breve pausa.

Piensa de nuevo con tranquilidad en las personas que en algún momento has encontrado en tu vida. Vuelve a sentir la confianza y la amistad que te entregaron.

Ahora regresa lentamente a la habitación y abre los ojos. Túmbate cómodamente sobre el costado y levántate. Sacude los brazos y aprieta las manos en un puño. Estírate y di en voz alta y clara:

¡Todo lo que he vivido me demuestra que nunca estuve ni estoy solo!

¡Puedo hacer muchas cosas!

Para que los niños aprendan a tiempo a aceptar los fracasos y contratiempos de la vida necesitan sentir desde el primer momento, tanto en el seno familiar como en el jardín de infancia, una gran sensación de seguridad, aprobación, aceptación y apoyo. Los niños no pueden aceptarse a sí mismos, tolerar las críticas y aprender a reafirmarse frente a otras personas si no tienen confianza y seguridad.

Los siguientes juegos sirven para que los niños aprendan a relacionarse entre ellos, a demostrar sus capacidades, a respetarse, a superar dificultades y a reforzar su autoestima.

¡Puedo hacer muchas cosas!

Material: ovillo de lana.
Edad: a partir de 4 años.

Los niños se sientan con las sillas en corro. Uno de ellos tiene un ovillo de lana y piensa en alguna actividad que sepa hacer muy bien. A continuación, dice en voz alta y clara cuál es la actividad que domina. Luego coge el extremo de la hebra con la mano y pasa el ovillo al niño que se sienta a su derecha. Ahora éste piensa en otra actividad y luego la revela al grupo. El proceso se repite hasta que todos sostengan la hebra con la mano y estén unidos por el ovillo.

Variante para niños mayores: el último que recibe el ovillo lo entrega de nuevo al que se lo ha pasado pronunciando en voz alta el nombre y la habilidad de éste último. El juego termina cuando el ovillo llega al primer niño que lo entregó.

Decir «¡No!» claramente

Material: golosinas y diversos juguetes.
Edad: a partir de 5 años.

Todos los niños se sientan con las sillas en corro excepto uno, que se sitúa en medio. A continuación se reparte una golosina o un juguete a varios niños (hasta un máximo de cinco). Éstos se dirigen uno tras otro al que está en medio del corro y le ofrecen el juguete o la golosina, intentando ejercer todo su poder de persuasión. Se trata de que éste aprenda a rechazar juguetes o golosinas de extraños, por eso debe intentar rehusar el ofrecimiento y responder a los ruegos del otro niño con un «no» rotundo. Para que surta efecto puede acompañar su negativa con los gestos adecuados. En la ronda siguiente, otros cinco niños intentan a la vez que el niño acepte el regalo. Finalmente tiene lugar un intercambio de experiencias en el grupo.

Características de animales

Material: platos de cartón, tijeras, ceras de colores, plumas, retales y tiras de papel rizado.
Edad: a partir de 5 años.

Primero los niños eligen el animal que les gustaría ser. Luego cada uno coge un plato de cartón, dibuja sobre él la silueta de los ojos, la boca y la nariz, y los recorta con mucho cuidado incluyendo los dos orificios para respirar. Luego se pintan las máscaras. Para decorarlas se pueden emplear las plumas, los retales y las tiras de papel rizado. A continuación, todos se ponen sus máscaras y se sientan con las sillas en corro. Se escoge un niño al azar que debe salir al centro con la máscara puesta y representar al animal que corresponde a su máscara. Los demás deben adivinar el nombre del animal. Seguidamente enumera las características del animal y explica al grupo por qué le gusta precisamente ese animal. Finalmente el grupo intenta citar alguna otra característica.

Postura segura

Edad: a partir de 6 años.

Las personas que están seguras de sí mismas mantienen también una postura corporal segura. Para identificar los rasgos distintivos de dicha postura, tu hijo puede practicar diferentes posiciones corporales. Como, por ejemplo, intentar sostenerse sobre una pierna, o ponerse de puntillas o en cuclillas. Debe intentar controlar su estabilidad en cada una de las posturas, comprobando hasta qué punto se siente seguro y si puede moverse. A continuación, indica a tu hijo que separe un poco las piernas y se agache ligeramente. En esta postura, con el tronco y la cabeza erguidos, debe intentar caminar despacio alrededor de la habitación con los brazos relajados y con una expresión alegre. Al final, si la actividad se realiza en grupo, los niños intercambian impresiones.

En la ronda siguiente debe intentar expresar a través de la postura corporal distintos sentimientos, como tristeza o alegría.

Cosas que me gustan de ti

Material: cojines, ovillos de lana pequeños.
Edad: a partir de 6 años.

Cada niño toma un cojín y todos se sientan en el suelo por parejas, uno enfrente de otro. A continuación, uno de los dos niños, el que sostiene un ovillo de lana pequeño en la mano, piensa en una cualidad de su compañero que sea de su agrado. Después coge el extremo de la hebra con una mano y dice, por ejemplo: «Lo que me gusta de ti es que siempre estás muy alegre».

Una vez dicho esto, entrega el ovillo a su compañero, quien a su vez coge la hebra y piensa en una cualidad positiva del niño que tiene delante, y así sucesivamente, hasta que hayan desenrollado el ovillo. Si se les siguen ocurriendo otras características positivas, continuarán el proceso enrollando el ovillo poco a poco.

Echar los miedos a rodar

Material: pelotas de tenis para todos los niños.
Edad: a partir de 7 años.

Cada niño coge una pelota de tenis y todos se sientan en el suelo uno al lado del otro formando una fila. El primero de la fila piensa en una situación que le dé miedo, coge la pelota con las manos y dice por ejemplo: «Echo mi miedo a las arañas a rodar». Dicho esto, debe lanzar la pelota rodando tan fuerte como pueda. Cuando la pelota se detenga, el niño siguiente pensará en una situación que le dé miedo y repetirá el proceso. Cuando todos hayan lanzado sus pelotas de tenis, hablarán en común sobre sus miedos. Finalmente el grupo intentará buscar posibilidades para superar situaciones que suscitan miedo.

Conocer las habilidades de otras personas

Material: pelota.
Edad: a partir de 8 años.

Colocados en corro, cada uno de los niños nombrará una actividad que sepa hacer muy bien, teniendo en cuenta que dentro del grupo no puede repetirse ninguna actividad. Los niños deberán fijarse con atención en las actividades que nombran sus compañeros y recordarlas. A continuación se pasearán libremente por la habitación. El que tiene la pelota empezará el juego, por ejemplo, con la siguiente frase: «¿Dónde está el que sabe cocinar?». Cuando el niño en cuestión se dé cuenta de que se trata de su habilidad, debe decir en voz alta y clara: «¡Aquí estoy!». Entonces éste recibirá la pelota y deberá buscar a otro niño con otra habilidad. El juego termina cuando se han citado las habilidades de todos los niños.

¿Qué aptitudes tiene el grupo?

Material: casete, música adecuada para el movimiento, diversos objetos, como una pelota, una cuerda, lápices de colores, un cucharón de cocina.
Edad: a partir de 8 años.

Uno de los niños será el encargado de poner la música, y los demás pensarán en las aficiones que más les gusta practicar. Luego, cada uno escogerá un objeto que se corresponda con su afición. Al sonar la música, los niños se moverán con sus objetos por la habitación siguiendo el ritmo. Cuando el encargado de la música la haga parar, dirá en voz alta un número entre el tres y el cinco, y los demás deberán reunirse por grupos según el número citado. Los miembros del grupo se enseñarán los objetos y se dirán las aficiones de cada uno, citando también las aptitudes que cada afición requiere y que pueden aportar al grupo. Seguidamente vuelve a sonar la música. Para que puedan formarse otros grupos, los niños vuelven a moverse libremente por la habitación hasta que la música cesa de nuevo.

Aprender a valorar aptitudes

Material: papel, lápices de colores.
Edad: a partir de 9 años.

Cada niño coge una hoja de papel y lápices de colores. Luego se sientan todos a la mesa y dibujan en medio del papel un círculo pequeño. En el interior del círculo deben escribir la palabra «yo». Luego, partiendo del círculo, dibujarán flechas de diferentes longitudes hacia la dirección de las diversas capacidades que ellos mismos se adjudiquen, teniendo en cuenta que las habilidades más sobresalientes deben aparecer más cerca del «yo» que otras.

Después, se sientan con las sillas en corro y colocan debajo de éstas las hojas con los dibujos mirando hacia el suelo. A continuación el grupo intenta averiguar las capacidades de un niño determinado. Para que el ejercicio salga bien es necesario que los miembros del grupo se conozcan a fondo y se tengan confianza. Para comprobar si los demás han acertado, el niño cogerá la hoja de debajo de la silla y comparará el resultado. Se trata de ver si el grupo ha sabido valorar correctamente las capacidades del pequeño y de comentar las diferencias o desviaciones entre la propia percepción y la de los demás.

Regalar deseos positivos

Material: materiales naturales como piedras, ramas o caracolas.
Edad: a partir de 8 años.

Los niños se sientan con las sillas en corro; en medio del corro se disponen diferentes materiales naturales. Uno de ellos debe observar atentamente las peculiaridades de los materiales y escoger uno que pueda representar simbólicamente un buen deseo. Luego, mira a los niños del corro, se dirige a uno de ellos con el objeto escogido y le dice por ejemplo: «¡Te deseo la fuerza de una piedra!». A continuación, los dos niños se intercambiarán el sitio, y el segundo escogerá uno de los materiales del centro y se dirigirá a otro de los niños del corro. Y así sucesivamente, hasta que todos hayan recibido un objeto asociado a un deseo.

Relatos con sonidos

Los siguientes relatos deben ser narrados por un adulto o un niño que lea bien. Los instrumentos indicados se introducirán en los párrafos correspondientes. Si la actividad se realiza en grupo y éste se compone de niños de muy corta edad, el relato puede servir como un simple juego de rol para que los pequeños lo representen (el cuento de Hércules el gigante resulta especialmente indicado para los primeros grupos de jardines de infancia). Y si el grupo está compuesto por niños mayores y experimentados, se puede representar el relato gestualmente como ejercicio adicional.

El viaje del pequeño Caracol Col

Relato	*Instrumento*	*Ejecución*
Es primavera y los brillantes rayos de sol calientan la tierra.	Gong	Golpe de macillo
Los primeros pájaros migratorios regresan procedentes del sur.	Platillos	
Las mariposas y las abejas revolotean alborotadas entre el esplendor de las flores del campo.	Triángulo	Toques cortos
El pequeño Caracol Col se despierta lentamente de su largo sueño invernal y se arrastra hacia el exterior.	Tamboril	Frotar en círculo con las puntas de los dedos
El pequeño Caracol Col olisquea con curiosidad una jugosa hoja y luego se la come con deleite.	Tamboril	Frotar en sentido vertical con las puntas de los dedos

Una vez saciado y despejado, el pequeño Caracol Col decide ir a visitar a su amigo el gusano y se pone en marcha.	Tamboril	Frotar en círculo con las puntas de los dedos
En medio del camino hay una rama muy gruesa que el pequeño Caracol Col logra cruzar con gran esfuerzo.	Tamboril	Toques suaves y pausados con los dedos
Cuando por fin ha dejado atrás la rama, empieza a caer una fina lluvia.	Metalófono	Notas aisladas
El pequeño Caracol Col se refugia enseguida en el interior de su concha.	Tamboril	Frotar en círculo con las puntas de los dedos
Poco después aparece en el cielo un precioso arco iris y el pequeño Caracol Col decide continuar su viaje.	Xilófono	Tocar una escala en sentido ascendente y descendente
A un lado del camino el pequeño Caracol Col ve un sapo enorme que acecha a una mariposa que pasa revoloteando.	Triángulo	Toques cortos
El pequeño Caracol Col está muerto de miedo.	Tamboril	Redoble

El sapo se compadece del pequeño Caracol Col y se marcha dando saltos.	Tambor	Toques regulares
El pequeño Caracol Col sigue arrastrándose lentamente, hasta que por fin ve a su amigo el gusano descansando sobre una hoja.	Tamboril	Frotar en círculo con las puntas de los dedos
Los dos amigos están muy contentos y celebran una fiesta tan animada como los colores del arco iris.	Xilófono	Tocar una escala en sentido ascendente y descendente

Instrumentos de elaboración propia y otras sugerencias

Otra posibilidad es que los niños reproduzcan los sonidos con la voz o empleen instrumentos confeccionados por ellos mismos. Seguidamente se incluyen algunas sugerencias.

Instrumento	*Sugerencia*
Gong	Dos o tres niños cantan una nota prolongada
Platillos pequeños	Golpear suavemente dos cucharas entre sí
Triángulo	Tocar con cuidado un vaso vacío con un tenedor
Tamboril	Cubrir un recipiente de yogur con papel encerado y tensarlo con una goma
Metalófono	Sustituirlo por un palo de lluvia
Xilófono	Disponer una hilera de vasos. Los niños llenan el primer vaso con agua hasta el borde y los demás se van llenando cada vez un poco menos; el último vaso tiene que quedar vacío. Si se tocan los vasos con un tenedor se obtienen diferentes tonos
Tambor	Golpear dos lápices entre sí

Timbal	Golpear una superficie de madera con la palma de la mano
Bongo	Utilizar la superficie del asiento de dos sillas de madera
Calabazo	Llenar una botella de agua vacía con un poco de arroz

De como Hércules el gigante y el gnomo Chiquitín se hicieron amigos

Relato	Instrumento	Forma de tocar
Había una vez un gigante llamado Hércules que vivía en la cima de una montaña. El gigante era tan grande que para llegar hasta el valle sólo tuvo que dar cuatro pasos.	Timbal	Cuatro toques fuertes y penetrantes
Los pájaros oyeron el estruendo de los pasos que daba el gigante y huyeron despavoridos.	Tambor	Toques cortos
Un conejito corrió a refugiarse entre los arbustos dando saltos.	Tambor	Toques cortos
Y un caracol se escondió rápidamente en su concha.	Tamboril	Frotar en círculo con las puntas de los dedos
Todos los animales tenían miedo del gigante. Sólo Chiquitín, el gnomo, que se marchaba a toda prisa dando ocho pasos cortos, parecía no estar asustado.	Bongo	Ocho toques
Cuando llegó al valle, Hércules se echó a llorar porque se sentía solo y Chiquitín el gnomo le vio.	Calabazo	Mover arriba y abajo
El gnomo quería ayudar al gigante y por eso le ofreció su amistad. El gigante dio un gran salto de alegría.	Timbal	Un toque

El gnomo dio cuatro saltitos.	Bongo	Cuatro toques
Cuando los animales vieron desde la lejanía que Hércules el gigante y el gnomo Chiquitín se habían hecho amigos, decidieron regresar. Los primeros en volver fueron los pájaros.	Triángulo	Toques cortos
El conejito abandonó los arbustos dando saltos.	Tambor	Toques cortos
Y el caracol volvió a salir de su casa arrastrándose muy despacio.	Tamboril	Toques cortos

Aprender a decir «no»

En los últimos años, el concepto de «establecer límites» suele citarse cada vez con mayor frecuencia para indicar a padres y educadores que la educación del niño no consiste tanto en dejar que el niño actúe libremente, sino que es mucho más conveniente transmitirle normas y estructuras claras.

Del mismo modo, los propios niños tienen que desarrollar la facultad de establecer límites para protegerse de otras personas en determinadas situaciones. Sin embargo, para poder decir «no» con plena conciencia y establecer una frontera clara en el momento decisivo, el niño tiene que conocer claramente sus limita-

ciones interiores y confiar en sus sentimientos y capacidades. Es imprescindible que tome conciencia de que es dueño de su cuerpo y de que es capaz de defenderse en determinadas situaciones. Para que pueda adquirir seguridad, es necesario también que los adultos le transmitan confianza, seguridad y cariño y le animen a decir «no». Un método eficaz para lograrlo es que el niño se coloque frente a un espejo y practique diciendo «no» con decisión y ensayando los gestos correspondientes. Sobre todo las niñas, a las que todavía se suele educar para que se dejen proteger y reaccionen con retraimiento, tienen muchas dificultades para decir «no» en situaciones determinadas y para establecer sus límites.

Por eso, el ejemplo de los adultos no basta para que el niño aprenda a actuar con seguridad, sino que es necesario ofrecerle la posibilidad de tener experiencias lúdicas mediante las que pueda reforzar su determinación interior. En este capítulo se incluyen ejercicios y juegos para que tu hijo aprenda a identificar sus propios límites y pueda establecerlos a su vez desde sus primeros años.

Grito «no» alto y claro

Edad: a partir de 5 años.

Si la actividad se realiza con varios niños, se plantean diferentes situaciones al grupo y todos juntos responden con un «no» rotundo en voz alta, por ejemplo:

1. «Imagínate que un niño pega a otro niño.»
   Los niños responden: «¡Grito "no" alto y claro!».
2. «Imagínate que tu tío quiere besarte en la boca y tú no quieres.»
   Los niños responden: «¡Grito "no" alto y claro!».
3. «Imagínate que una señora te quiere llevar en su coche.»
   Los niños responden: «¡Grito "no" alto y claro!».

Al terminar los niños comentan cada una de las situaciones y los sentimientos que les sugieren. Finalmente piensan en otras situaciones a las que también quieren responder con un tajante «no».

Decir «no» en voz baja y decir «no» en voz alta

Edad: a partir de 5 años.

Dos niños se sitúan en medio del corro de sillas. Uno de ellos, el encargado de decir «no», se sienta en una silla; el otro va dando vueltas a su alrededor mientras intenta convencerle de que vaya con él. El que está sentado no quiere acompañarle, así que primero le responde con un «no» en voz baja. Sin embargo, su compañero le ignora y lo intenta de nuevo. Esta vez el que está sentado tiene que ser más rotundo y emplear también su lenguaje corporal, de modo que gritará «no» en voz alta y además se levantará y dará una patada en el suelo. Si el compañero sigue ignorando su negativa, el niño puede levantarse y abandonar su sitio en el medio.

A continuación tiene lugar un intercambio de experiencias con el grupo: ¿Qué ha sido más difícil, convencer a alguien de algo o decir que «no»? ¿Ha sido más fácil decir «no» sentado en la silla o derecho? ¿Cómo suena un «no» en voz baja? ¿Y un «no» en voz alta?

Mis límites y tus límites

Material: una cuerda para cada dos niños.
Edad: a partir de 7 años.

Los niños se agrupan de dos en dos y cada pareja coge una cuerda. Cada niño coge un extremo de la cuerda con la mano y así, unidos por la cuerda, pasean por la habitación. La cuerda les sirve para marcar sus límites, bien tensándola, bien dejándola suelta, es decir, si uno de ellos no quiere estar tan cerca del otro, este último deberá aceptarlo y mantener la cuerda igualmente tensada.

Una vez han practicado el ejercicio durante un espacio de tiempo suficiente, se sientan en el suelo formando un corro y cada pareja explica al grupo cuál ha sido su experiencia al caminar juntos unidos por la cuerda.

Vencer los límites

Material: cuatro bolos, dos pelotas.
Edad: a partir de 5 años.

Primero los niños delimitan el campo de juego con cuatro bolos. Luego, todos, excepto uno, se colocan alrededor del campo de juego y con una de las pelotas deben intentar tocar las piernas del que está en el interior del campo. Si la pelota alcanza el cuerpo del niño, éste habrá de seguir jugando. Para que los demás no le den en las piernas, deberá reaccionar con la mayor rapidez posible. Mientras dura el juego, el niño deberá intentar salvarse saliendo fuera del campo de juego y los demás deben intentar impedírselo. Si el niño consigue salir del campo habrá ganado.

Fronteras naturales y arbitrarias

Material: cámara fotográfica, tijeras, catálogos, revistas.
Edad: a partir de 9 años.

Para preparar el ejercicio los niños salen juntos por los alrededores y buscan fronteras naturales y arbitrarias que deben fotografiar con la cámara instantánea. También pueden recortar imágenes de catálogos o revistas en las que aparezcan límites o fronteras diversas.

Luego, todos observan con atención las fotografías e imágenes y cada uno escoge una imagen que describa de forma especialmente acertada sus propios límites con respecto a una situación o una persona determinadas. A continuación, se sientan con las sillas en corro y uno detrás de otro explican por qué han elegido una frontera natural, como un estanque, o una arbitraria, como una valla. También deberán argumentar por qué han escogido una frontera fija, como una roca, o una variable, como una cinta de obstrucción de paso.

Representación gráfica de límites

Material: tiras de papel, tarjetas, lápices.
Edad: a partir de 9 años.

Los niños disponen una estructura cerrada con las tiras de papel, por ejemplo, un cuadrado o un rectángulo. Luego, en cada tarjeta deben pintar o escribir diversas cosas que les gusten mucho o que no puedan soportar. Las cosas que les gusten mucho deberán colocarlas en el interior del rectángulo, y aquellas que no pueden soportar, fuera de la figura; las cosas que ni les gusten ni les disgusten especialmente deberán colocarlas encima de la figura. Después, los niños observan atentamente el resultado e intentan averiguar si hay cosas que gustan mucho a casi todos o cosas que les disgustan.

Juegos manuales para infundir ánimo

Te doy la mano

Edad: a partir de 5 años.

Las manos pueden hacer muchas cosas; algunas veces hacen reír, y otras llorar. Un puño levantado es duro y amenazador; en cambio, una mano tendida nunca está sola.
Si tu prójimo te da la mano, también te entrega su amistad.

Los niños se sientan con las sillas en corro y estiran los brazos hacia los lados. Luego cierran las manos con fuerza en un puño y las vuelven a abrir lentamente. A continuación se cogen de las manos con cuidado y se levantan despacio. Con este gesto se demuestran su amistad.

Caracol, col, col...

Material: mesa.
Edad: a partir de 5 años.

El pequeño caracol sale de su concha y estira sus cuernos hacia el exterior. Siente los cálidos rayos de sol brillando sobre su piel, olisquea las hojas tiernas que tanto le gustan, escucha el susurro de la suave brisa. Mañana el pequeño caracol también querrá salir de su concha.

Los niños apoyan en la mesa la mano derecha cerrada en un puño y estiran el dedo índice y el meñique como si fueran los cuernos de un caracol. Luego apoyan el codo izquierdo sobre la mesa. La palma de la mano izquierda representa el sol que brilla sobre el caracol. Cuando el caracol olisquea las hojas tiernas (según el poema), los niños mueven lentamente la mano derecha (el caracol) sobre la superficie de la mesa hacia un lado y hacia otro. Y cuando el pequeño caracol escucha el susurro del viento, acercan la mano izquierda a la oreja.

La unión hace la fuerza

Edad: a partir de 4 años.

El uno, el dos y el tres
no acuden cuando se los llama.
El cuatro, el cinco y el seis
corren a esconderse.
El siete, el ocho y el nueve
sólo saben lloriquear.
El diez ha tenido una idea
y... ¡mira!, todos acuden en su ayuda.

Sin apartar la vista de las palmas de las manos extendidas se empieza el juego doblando primero el dedo meñique de la mano derecha hacia el interior de la palma. Uno tras otro se van moviendo todos los dedos del mismo modo hasta llegar al meñique de la mano izquierda, que se deja en la posición inicial. Finalmente se vuelven a estirar todos los dedos uno tras otro.

El valor del más pequeño

Edad: a partir de 5 años.

El primero dijo: «¡Me voy!».
El segundo no supo qué hacer.
El tercero no supo qué decir.
El cuarto no aguantó la situación.
Pero el más pequeño,
quién lo hubiera dicho,
gritó con todas sus fuerzas...
y los otros regresaron al momento.
¡Qué gran suerte para los cinco!

Los niños estiran los dedos de la mano y luego empiezan doblando lentamente el pulgar hacia la palma, y así sucesivamente van doblando todos los dedos menos el meñique. Cuando los cuatro dedos vuelven a estar en la posición inicial, se estiran los cuatro al mismo tiempo.

Indicación: Este juego también se puede representar. En este caso se colocarán cinco niños en hilera muy juntos. A medida que escuchan el poema uno tras otro irán saliendo de la hilera menos uno. Al escuchar la penúltima frase, los cuatro niños regresarán corriendo a la hilera y abrazarán al que se ha quedado solo.

Sentir la fuerza del sol

Material: una mesa.
Edad: a partir de 5 años.

Caen gotas, llueve, truena y nieva.
El tiempo siempre está bien dispuesto.
Si algún día no te sientes muy bien,
piensa en las cosas buenas que hace el sol.
El sol brilla en el interior de tu corazón
y convierte los problemas en más pequeños de lo que son.
¡Los cálidos rayos del sol te hacen sentir bien
y te infunden nuevos ánimos!

Sentados a la mesa los niños efectúan movimientos con los dedos según el texto:

Gotas	Dar toques encima de la mesa con un dedo tras otro
Lluvia	Dar toques fuertes sobre la mesa con las puntas de todos los dedos a la vez
Tormenta	Arrastrar hacia delante primero la palma de la mano derecha y luego la de la mano izquierda
Nieve	Dar toques regulares y muy suaves con las puntas de los dedos sobre la mesa
Sol	Levantar el brazo izquierdo encima de la mesa y mostrar la palma de la mano
Corazón	Señalar el corazón con el índice de la mano derecha
Nuevos ánimos	Los niños se levantan y se estiran

Sentirse parte del grupo

La calidad social de las relaciones que se establecen en cualquier grupo depende del clima reinante. El reparto de poder dentro del grupo determina las posibilidades de desarrollo de cada uno de los miembros. Si observamos a un grupo de niños jugando espontáneamente durante un largo periodo de tiempo, podemos distinguir quién de ellos lleva siempre la voz cantante, quién representa el papel de payaso y quién se queda jugando en un rincón discretamente.

Para que todos los niños se encuentren a gusto dentro del grupo necesitan sentirse aceptados e integrados, pero para conseguir este objetivo primero tienen que encontrar su lugar en él.

Los niños viven sus primeras experiencias grupales básicas en el período preescolar; de ahí que los más pequeños y los recién llegados al jardín de infancia necesiten sobre todo el apoyo de los adultos. Los niños que han crecido en un ambiente de seguridad y protección suelen adaptarse rápidamente al grupo y establecer contactos con los demás de forma voluntaria.

Los juegos en los que el niño se siente parte importante de un todo fomentan el sentimiento de comunidad y pertenencia al grupo. A través del juego aprenden a acercarse a los demás despreocupadamente, a comunicarse entre ellos y a encontrar su lugar en el grupo, a la vez que se divierten como nunca.

Somos un conjunto

Material: música suave.
Edad: a partir de 3 años.

Los niños se cogen de las manos y forman un corro. Empieza a sonar una música suave de fondo. El niño mayor del grupo realiza diversos movimientos que los demás tienen que imitar (por ejemplo, caminar de puntillas o agacharse). Al cabo de un rato deja de moverse y todos los demás se colocan en fila detrás de él formando una cadena con él a la cabeza. Así los irá guiando alrededor de toda la habitación. El juego termina cuando el primer niño se para.

Coches de caballos

Material: cuerdas de saltar o correas, tambor.
Edad: a partir de 4 años.

Uno de los niños será el encargado de tocar el tambor; los demás se agrupan de tres en tres. Cada grupo coge dos cuerdas de saltar o dos correas y decide quién de ellos será el cochero y quiénes los dos caballos. Luego, el cochero coloca las riendas (la cuerda) a los caballos y coge los extremos con las manos. Cuando todos se han distribuido por la habitación, el niño del tambor empieza a dar diferentes instrucciones, por ejemplo:

- un toque de tambor: los caballos caminan regularmente por la habitación.
- dos toques de tambor: los caballos corren tan deprisa como pueden.
- tres toques de tambor: los caballos se detienen.

Variante para niños mayores: Las parejas de caballos se encuentran y se saludan entre sí.

Primero los niños aprenden diferentes formas de cabalgar y luego, por ejemplo, al sonar un toque de tambor tienen que trotar y al sonar dos toques de tambor han de galopar.

El baile del comodín

Material: música actual, tarjetas, lápices.
Edad: a partir de 5 años.

Cada niño dibuja una figura o un diseño en una tarjeta. Luego eligen cuál de las tarjetas es el comodín. A continuación, cada uno coge su tarjeta del revés y se dispersa por la habitación. En cuanto la música empieza a sonar, los niños se mueven por la habitación y se intercambian las tarjetas continuamente. Si la música deja de sonar, deben dar la vuelta a la tarjeta que tienen en la mano en ese momento y comprobar si tienen el comodín. Cuando la música vuelve a sonar, el que tiene el comodín marca los pasos de baile que el grupo debe imitar. Mientras bailan, los niños vuelven a intercambiarse las tarjetas entre sí del revés.

Reconocer objetos

Material: música de baile, objetos personales de los participantes, cintas de colores, dos cajas.
Edad: a partir de 4 años, número impar.

Uno de los niños se encarga de guardar los objetos y de controlar la música; los demás forman dos grupos iguales en número. Cada grupo recibe cintas de un color determinado. Antes de que empiece el juego, cada uno entrega un objeto personal. Los objetos de cada grupo se guardan por separado en dos cajas diferentes.

A continuación los niños se mueven libremente por la habitación al ritmo de la música. Cuando la música deja de sonar, todos deben detenerse y fijarse atentamente en el guardián, que en ese momento sostiene un objeto de cada grupo en las manos. Los dos niños que reconozcan el objeto que les pertenece deberán ir a cogerlo tan deprisa como puedan. El primero que coja su objeto habrá ganado un punto para su equipo.

Descubrir afinidades

Material: campana.
Edad: a partir de 4 años.

Uno de los niños tiene la campana y los demás forman un corro. Mientras los niños caminan en círculo uno detrás de otro, el que tiene la campana se coloca en el centro y pronuncia las siguientes frases: «Todos caminamos en círculo muy despacio. Cuando se oiga la campana se sentarán todos los que... (lleven gafas)».

Una vez se hayan sentado en el suelo los aludidos, continúa el ejercicio. El niño del centro deberá fijarse en el grupo y descubrir otra afinidad que pueda citar.

La red de unión

Material: ovillo de lana, varita mágica.
Edad: a partir de 7 años.

Todos los niños están de pie formando un corro, excepto dos, que son el hechicero y la bruja. El hechicero va uniendo a los niños enrollándolos con la hebra de un ovillo de lana al tiempo que pronuncia un hechizo. Luego, la bruja desencanta a los niños y los libera de la red que los une, desenrollando lentamente la hebra del ovillo mientras murmura a su vez un conjuro.

Triángulo y tambor

Material: triángulo y tambor.
Edad: a partir de 8 años; número par.

Se forman dos grupos iguales en número. Un niño de cada grupo recibe el triángulo o el tambor. Estos dos niños deberán salir de la habitación, pero antes tendrán que fijarse atentamente en los miembros de su grupo. Cuando hayan salido, los demás se reparten por toda la habitación y se echan en el suelo como si estuvieran durmiendo. A continuación, el niño del triángulo y el del tambor vuelven a entrar en la habitación e intentan identificar a los miembros de su grupo. En turnos alternos los niños harán sonar muy suavemente su instrumento al oído del niño que crean que pertenece a su grupo. Cuando identifiquen a uno, éste se levantará del suelo y seguirá al niño del instrumento. Pero si uno de los dos hace sonar el instrumento al oído de un miembro del grupo contrario perderá su turno una vez. Ganará el que consiga despertar antes a todos los miembros de su grupo.

Cambio de ritmo

Material: carracas o vasos tapados llenos de guisantes.
Edad: a partir de 7 años.

Los niños forman en corro, todos tienen una carraca en la mano, y establecen contacto visual entre sí. A continuación, uno de ellos empieza tocando un ritmo cualquiera con su carraca. Los demás le escuchan atentamente, muy concentrados, y esperan hasta que el niño que toca guiñe el ojo a otro del grupo, deje de tocar y se siente en el suelo. Ahora es el segundo niño quien empieza a tocar un nuevo ritmo y los demás escuchan atentamente. El juego termina cuando se repite algún ritmo o cuando todos han tocado un ritmo diferente.

Dar forma a los deseos

Las constantes y crecientes exigencias de la sociedad de consumo en la que estamos inmersos afectan también a la manera de pensar y de actuar de los niños. Muchos niños sólo quieren el último modelo de consola de videojuegos o la camiseta de marca que tiene su amigo o que han visto en los anuncios. Normalmente desconocen aún el valor de los productos de consumo, pero enseguida se dan cuenta de que obtienen el reconocimiento de sus compañeros si llevan la camiseta de moda o la gorra de béisbol que aparece en los anuncios. Para adoptar actitudes opuestas a la euforia consumista o para atreverse a jugar al fútbol con unos zapatos deportivos cualquiera, también es necesario cierto grado de autoestima. En este sentido es conveniente que los padres adjudiquen a sus hijos una paga para sus gastos desde muy pequeños, para que ellos mismos la administren. Y, por supuesto, los padres deben ser un buen ejemplo para sus hijos, ya que si ellos mismos no son capaces de evitar gastos superfluos, tampoco podrán pretender que sus hijos procedan adecuadamente con sus necesidades.

Estos deseos de tipo material suelen esconder necesidades muy distintas, como la de reconocimiento y atención. Cuando estas necesidades no son satisfechas, el niño se refugia en el consumo como una especie de sustituto, intentando colmar su deseo. Sea como fuere, para que los niños se conviertan en consumidores críticos y conscientes deben aprender a su debido tiempo a tomar conciencia de sus necesidades reales y a expresarlas. El modo más eficaz de conseguir este objetivo es la traslación en imágenes, que permite al niño enfrentarse de manera creativa a sus deseos, conocer materiales diferentes y aprender a dar forma a sus deseos con todos los sentidos. Así se percatan de que algunos deseos sólo pueden existir en el mundo de los sueños.

Pintar tres deseos

Material: papel para pintar, lápiz, regla, ceras de colores.
Edad: a partir de 5 años.

Sentados a una mesa, los niños dividen el papel donde van a pintar en tres grandes zonas mediante dos líneas verticales. Deben procurar que la primera zona sea la más grande y la última la más pequeña. Luego, cada uno piensa tres deseos. En la zona de la izquierda deberá pintar su primer deseo; en la del medio, el segundo, y en la más pequeña, el tercero. Cuando hayan terminado de dibujar, se sentarán en corro y uno detrás de otro enseñarán sus tres deseos. Una vez todos hayan mostrado sus dibujos, el grupo deberá determinar si existen determinados deseos que pueden aplicarse a más de un niño.

Jugar y soñar

Material: rollo de papel grande, cinta adhesiva, tizas de colores, música ligera, música suave, triángulo o gong.
Edad: a partir de 5 años.

Los niños despliegan un rollo de papel grande en el suelo y lo pegan con cinta adhesiva. Sobre el papel hay una tiza para cada niño. En cuanto suena la música ligera, los niños se dedican a dar vueltas alrededor del papel. Cuando cesa la música, cada uno coge una tiza y dibuja el perfil de su mano izquierda. Después vuelve a sonar la música y los niños continúan moviéndose siguiendo el ritmo. En cada ronda se van eliminando una o dos tizas del papel. Ganará el último que consiga coger una tiza. A continuación se sientan de nuevo alrededor del papel y observan con atención los perfiles de las manos. El ejercicio consiste ahora en representar una manera de jugar mediante dibujos, mientras escuchan música suave de fondo o sonidos grabados de la naturaleza, a fin de que dejen volar su imaginación e integren los perfiles de las manos en el dibujo final. Así, de las manos pueden surgir flores, árboles frutales, mariposas o escarabajos. Transcurridos cinco minutos suena el triángulo o el gong y los niños deben cambiar de sitio y pintar en otra zona del papel. El dibujo final estará terminado cuando los perfiles originales de las manos ya no se reconozcan.

Representar deseos

Material: tijeras, pegamento, pincel, recipiente, bata, periódicos, acuarelas o pinturas al cromo, materiales de embalaje, retales y trozos de papel rizado, etc.
Edad: a partir de 6 años.

Los niños se ponen la bata y se sientan a una mesa en la que hay diferentes materiales. A continuación, cada uno piensa en el deseo que le gustaría representar con una manualidad, y si se trata de un deseo Inmaterial, entonces piensa en el símbolo correspondiente. Cuando todos hayan terminado su manualidad, uno tras otro las irán enseñando al grupo. El ejercicio consiste en que el grupo averigüe las razones de los respectivos deseos representados.

Varlante: el grupo construye su «jardín ideal» o su «patio ideal» con diferentes materiales de embalaje o con barro. Luego se deja que los niños discutan sobre sus expectativas y deseos a partir de diversas preguntas, como: qué es lo que consideran esencial en el jardín o en el patio, qué ideas podrían llevarse a cabo con poco dinero, qué recursos serían necesarios para el proyecto...

Composición de deseos

Material: murales, tijeras, pegamento, revistas, catálogos, folletos turísticos, etc.
Edad: a partir de 8 años.

Los niños se agrupan de cuatro en cuatro y escogen los materiales que van a necesitar para realizar dos murales en común. Luego, los miembros de cada grupo confiesan sus deseos. Los cuatro niños tienen que elegir un deseo común y buscar entre las diferentes propuestas una imagen que ilustre el deseo del grupo. Deberán distinguir entre deseos materiales e inmateriales, y pegar las imágenes en los murales correspondientes. En el caso de que no encuentren ninguna imagen que ilustre su deseo, lo escribirán. A continuación cada grupo presenta sus deseos a los demás niños y éstos comprueban si los murales contienen más deseos comunes materiales o inmateriales. Finalmente los grupos explican por qué han escogido esos deseos y cuelgan sus murales en las paredes de la habitación.

Variante: los grupos recortan de los murales los deseos comunes a todos los niños y forman con ellos dos composiciones nuevas.

Cómo me gustaría ser

Material: papel, un plato grande, lápices, pegamento, tijeras, diversos elementos, como tela, lana, fieltro, papel dorado y papel de aluminio.
Edad: a partir de 7 años.

Cada uno de los niños coloca un plato sobre un papel en blanco y dibuja el perfil. Luego, piensa en diversas características positivas que ya reúne o que le gustaría manifestar. Para poder representar artísticamente sus deseos, los niños deben conocer y diferenciar las cualidades de distintos materiales, por ejemplo: suave, duro, cálido, frío, ligero, pesado, etc. Acto seguido pegan los materiales según sus características en el interior del círculo. Al final, sentados en corro, cada niño va mostrando su obra y explica las cualidades.

Variante para niños mayores: los niños se tumban uno detrás de otro sobre un papel muy grande y dibujan el contorno de su cuerpo. Luego clasifican los materiales según sus características y los pegan en las partes del cuerpo que supuestamente ostentan dichas características. A continuación tiene lugar un intercambio de impresiones en el grupo: ¿Existen partes del cuerpo que deban tener una característica especial? ¿Cuáles son las cualidades que todos los miembros del grupo consideran importantes? ¿Sería deseable que todos tuviéramos las mismas características? ¿Existe alguien perfecto?

Clasificar deseos

Material: papel para pintar, bata, acuarelas, pincel, recipiente, lápices.
Edad: a partir de 8 años.

Los niños se ponen la bata y cogen todo lo que van a necesitar para pintar con las acuarelas. Cada niño se pinta una mano con pintura y la coloca sobre el papel dejando la huella. Después de lavarse las manos, piensa en cinco deseos como máximo y los escribe en la punta de cada dedo siguiendo un orden. Una vez terminada la obra, explica sus cinco deseos más importantes a los demás.

Variante para niños mayores: los niños elaboran dos moldes de yeso de sus manos. En los dedos de una mano escriben sus deseos materiales y en los de la otra sus deseos inmateriales. Luego cada niño explica al grupo cuáles son los deseos más importantes para él, los de la mano derecha o los de la izquierda.

Bolsas de deseos

Material: tarjetas, ceras de colores, cinta adhesiva, bolsas de papel pequeñas, un cesto.
Edad: a partir de 8 años.

Cada niño coge una tarjeta y pinta o escribe un deseo que le gustaría que uno de los miembros o todo el grupo satisficieran. A continuación, introduce su tarjeta con el deseo escrito o dibujado en una bolsa de papel. Después, las bolsas se cierran con cinta adhesiva y se colocan en un cesto. Sentados en corro, cada día uno de los niños sacará una bolsa de deseos del cesto, la abrirá, comunicará el deseo al grupo, y todos juntos deberán adivinar quién puede haberlo escrito.

Seguidamente, el que haya confeccionado la tarjeta deberá darse a conocer y explicar al grupo los motivos de su deseo. Ambos niños deberán decidir si el deseo puede cumplirse.

Dado de deseos

Material: un dado de espuma, tijeras, papel adhesivo, papel para pintar, ceras de colores.
Edad: a partir de 6 años.

Los niños piensan seis deseos diferentes (jugar a un juego concreto, cantar una canción...) y todos juntos establecen un símbolo que exprese cada deseo. A continuación se dibujan los símbolos, se recortan y se pegan en cada uno de los lados del dado con papel adhesivo. Para utilizar el dado los niños se sientan con las sillas en corro y eligen al que será el encargado de tirarlo. Según el símbolo que aparezca, los niños cumplirán el deseo todos juntos. El juego se repetirá cada día. Transcurridas dos semanas, los niños pueden comentar la experiencia y decidir si el grupo tiene nuevos deseos y por qué. En caso afirmativo quizá quieran confeccionar otro dado de deseos.

Descargar agresividad

En la vida cotidiana del niño pueden producirse conflictos necesarios para el desarrollo de su personalidad. Cuando percibimos que un niño tiene un conflicto nos vemos obligados a decidir si debemos intervenir o no. Los motivos que nos llevan a adoptar la decisión en un sentido o en otro pueden ser muy diferentes. Si, por ejemplo, confiamos en que dos niños pueden resolver sus diferencias solos, nos mantendremos al margen. Pero quizá la situación nos resulte desagradable o pensemos que lo que justamente le conviene a ese niño en concreto, al que tanto le gusta mandar, es que alguien lo ponga alguna vez en su sitio.

Por el contrario, la decisión de poner fin a un conflicto determinado en una situación concreta puede responder también a razones de tipo totalmente personal. Así,

por ejemplo, los niños muy pequeños o los recién llegados al grupo o a la clase han tenido —en el mejor de los casos— poco tiempo para recopilar experiencias, y enseguida se sienten presionados o ignorados. Para poder superar sus miedos e inseguridades necesitan aún más apoyo de los adultos. Asimismo, los niños que desde muy pequeños son el centro de atención de la familia pueden sentirse presionados al estar en contacto con otros niños. Normalmente, estos «reyes de la casa» que ven cumplidos casi todos sus deseos suelen tener problemas para contenerse en determinadas situaciones. Si algo no sucede según sus expectativas, enseguida reaccionan con agresividad o violencia. Además, dado que estos niños toleran muy mal los fracasos, suelen acabar siempre estropeando el juego o convirtiéndose en los inadaptados del grupo o la clase.

Los juegos y ejercicios siguientes, concebidos para superar los conflictos, ayudan a los niños a enfrentarse a diferentes situaciones conflictivas de una forma consciente y a reflejar su propio comportamiento. Mediante el juego se fomentan comportamientos adecuados y razonables que capacitan al niño para resolver mejor posibles situaciones conflictivas en el futuro.

Duelo deportivo

Material: colchoneta blanda, gong o triángulo.
Edad: a partir de 4 años.

Este ejercicio resulta indicado cuando dos niños se pelean o quieren medir sus fuerzas. Se coloca una colchoneta blanda en medio de la habitación. Es importante asegurarse de que alrededor de la colchoneta no haya ningún objeto punzante o afilado. Después de efectuar esta comprobación, los niños se quitan los zapatos y acuerdan las reglas del duelo deportivo. Por supuesto, no está permitido pegarse, pisarse, morderse ni arañarse. El niño que no respete las normas perderá automáticamente el duelo. Cuando todos hayan escuchado y comprendido las reglas, podrá empezar el duelo por parejas. Es conveniente que la constitución o la fuerza de los contrincantes sea lo más igualada posible. En cuanto suene el gong empezará el primer asalto. Ganará el primero que consiga sentarse encima del otro.

En la carretera

Material: aros de gimnasia o anillas, tambor.

Edad: a partir de 5 años.

Uno de los niños se encarga del tambor y los demás cogen una anilla o un aro de gimnasia cada uno. A partir de ese momento serán conductores circulando por la carretera. El del tambor observa el tráfico atentamente y va marcando la velocidad con el instrumento. Previamente se habrán acordado los siguientes símbolos acústicos:

2 toques de tambor	= conducir por una población	= andar
3 toques de tambor	= conducir por carretera	= andar más rápido
4 toques de tambor	= conducir por autopista	= correr
5 toques de tambor	= el coche se para	= detenerse

Mientras los niños estén practicando los diferentes tipos de conducción también deben intentar establecer contacto visual. Para que no se produzca ningún accidente deben desviarse a su debido tiempo. Tienen que estar muy atentos y concentrados, para poder dirigirse directamente hacia los demás y desviarse en el último segundo.

Descargar agresividad

Material: periódicos, latas vacías, cajas, cuchara de cocina, etc.
Edad: a partir de 6 años.

Los niños que están enfadados o furiosos necesitan tener la oportunidad de descargar su rabia. Para ello reunirán diferentes materiales y los dispondrán sobre una mesa. Luego se sentarán alrededor de ésta y el que esté enfadado con alguna persona o por algún motivo podrá subirse a la mesa y descargar su agresividad, por ejemplo, dando golpes a una lata vacía con una cuchara de cocina o arrugando un periódico. Finalmente, todos hablarán sobre su rabia e intentarán buscar diferentes métodos para combatirla mejor en el día a día.

¡Esto es mío!

Material: objetos personales.
Edad: a partir de 7 años.

Los niños se sientan con las sillas en corro. En medio del corro se colocan los diferentes objetos personales. El primer niño se levanta y coge uno de los objetos. El propietario del objeto debe reaccionar e intentar recuperar su objeto. El ejercicio consiste en que los niños no podrán ni enfadarse ni pegarse. Se trata de que el grupo se plantee si existen otras posibilidades de recuperar las cosas que les pertenecen o distintas maneras de formular una petición.

Sillas enfrentadas

Material: sillas, cronómetro, papel, lápices.
Edad: a partir de 7 años.

Este ejercicio resulta indicado para los niños que no son capaces de arreglar sus diferencias solos. En el centro de la habitación se colocan tres sillas una al lado de otra. En la silla del medio se sienta el árbitro y a cada lado los dos niños enfrentados. A continuación, cada uno dispone de un minuto para presentar sus argumentos. Durante este tiempo no podrá ser interrumpido. Cuando ambas partes hayan terminado de explicar sus puntos de vista, intentarán, con la ayuda del árbitro y del grupo, llegar a un acuerdo. Y cuando los dos estén conformes con los compromisos, se redactará un contrato y lo firmarán. Al cabo de una semana se comprobará si las condiciones del contrato se han cumplido.

¿Cómo me protejo?

Edad: a partir de 5 años.

Sentados con las sillas en corro comienza la primera ronda del juego. El mayor del grupo empieza diciendo una palabra, por ejemplo, «fuego», y los demás deben pensar cómo pueden protegerse del fuego. El primero que diga «agua» será el siguiente en pensar otra palabra. De este modo se prolonga la primera ronda todo lo que se quiera. Cuando todos se hayan dado cuenta de que tienen recursos para enfrentarse a algunas situaciones, empezará la segunda ronda. A diferencia de la primera, en ésta se expondrán diferentes casos que los niños deberán imaginarse mediante preguntas del estilo: «¿Qué harías si alguien te retuviera en contra de tu voluntad?». Los niños deben explicar cómo se protegerían.

Cuando estalla el volcán

Material: papel y lápices.
Edad: a partir de 8 años.

Primero, los niños dibujan un volcán en erupción y escriben en su interior situaciones que les provocan enfado. Los gases que emanan del cráter, las piedras y la lava líquida representan los sentimientos que aparecen en determinadas situaciones y que los demás pueden percibir claramente. A continuación, consideran sus volcanes e intentan buscar diferentes posibilidades de predecir la erupción del volcán, es decir, de expresar sus sentimientos a su debido tiempo. Además, también reflexionan sobre si existen comportamientos que se acentúan en determinadas situaciones.

Resolver diferencias de forma constructiva

Edad: a partir de 8 años.

Sentados en corro, los niños tienen que pensar en aptitudes necesarias para resolver un conflicto de forma constructiva. Para ello, primero se imaginarán una disputa que tienen que ganar verbalmente y después uno de ellos empezará diciendo, por ejemplo, lo siguiente: «Para resolver un conflicto debo permanecer tranquilo...».

El siguiente repite la frase y añade otra aptitud, por ejemplo: «... y escuchar atentamente». Y así cada uno, hasta que se hayan citado al menos seis aptitudes diferentes para la resolución de un conflicto.

Vaciar la caja de las preocupaciones

Material: caja de preocupaciones (caja de zapatos), papel, lápices, cesto.
Edad: a partir de 8 años.

Colocamos una caja en el suelo, en cuyo interior cada niño introduce un papel con sus problemas o deseos. El papel puede ser anónimo o llevar el nombre del que lo haya escrito. Una semana después, los niños se sientan en corro y se vacía la caja. Cada uno coge un papel y lee en voz alta el texto escrito en él. Luego, deben pensar cómo se pueden abordar las cuestiones planteadas y escribir su opinión en el reverso del papel. Al final, los papeles se vuelven a meter en un cesto, de donde cada niño podrá recoger el que le pertenezca.

Tomar decisiones

Material: cuerdas, papel y lápices.
Edad: a partir de 9 años.

Los niños se distribuyen en grupos de cuatro a seis miembros cada uno. Después, cada grupo coge dos cuerdas, lápices y papel. A continuación, los niños piensan en una situación conflictiva y en cuatro posibles maneras de resolverla, y las escriben en un papel. Cuando han terminado, cada grupo se sitúa en un lugar de la habitación y forma una cruz con ambas cuerdas. En la intersección de las cuerdas colocará el papel con la situación conflictiva y, en cada uno de los extremos, una posible solución. Uno de los grupos empieza el ejercicio pidiendo a los demás niños que formen un círculo alrededor de su cruz. Una vez estén colocados, el grupo leerá en voz alta la situación conflictiva escogida y las cuatro posibles soluciones correspondientes. Entonces los niños deberán elegir una de las posibilidades, colocarse en el extremo de la cuerda correspondiente y comunicar al grupo su decisión uno tras otro. En el caso de que no estén de acuerdo con ninguna de las cuatro posibilidades sugeridas, deberán quedarse en círculo y explicar al grupo cómo resolverían ellos el conflicto. A continuación le toca presentar al grupo siguiente una nueva situación conflictiva.

Me gustaría...

Material: papel, lápices, mantas.
Edad: a partir de 9 años.

Los niños se sientan de dos en dos sobre una manta. Una vez sentados deben imaginarse una situación en la que cada uno defiende una opinión diferente. Para que el asunto no termine en un enfrentamiento fuerte, cada niño pensará cómo quiere que le trate su compañero durante la discusión. Luego, ambos intentarán formular sus peticiones por escrito en una lista de puntos. A continuación, se intercambiarán las anotaciones y marcarán con una señal aquellos puntos que crean poder llevar a cabo. Si creen que no pueden cumplir algunas de las exigencias, deberán discutir otra vez los puntos concretos y, si es necesario, llegar a un nuevo acuerdo.

Buscar un final feliz

Material: cuentos ilustrados con un final abierto.
Edad: a partir de 9 años.

Los niños se dividen en grupos iguales en número y después se entrega un cuento ilustrado a cada grupo. El relato cuenta, por ejemplo, la historia de dos niños que quieren el mismo juguete. Ambos intentan resolver su conflicto verbalmente, pero como ninguno de los dos está dispuesto a renunciar al juguete, es necesario encontrar una solución. Los miembros del grupo deberán pensar una forma de arreglar el problema pacíficamente. Para ello escriben diferentes posibilidades que conducen a un final feliz. Finalmente los diferentes grupos se reúnen y uno tras otro presentan sus propuestas.

¡Puedo hacerlo solo!

Si quieres ayudar a tu hijo a convertirse en un adulto independiente, en lugar de cuestionar sus capacidades constantemente, debes darle la oportunidad de descubrirlas. Los niños necesitan sentir que los demás confían en sus posibilidades desde sus primeros años de vida.

Sin embargo, cuando los adultos que le rodean se muestran miedosos e inseguros en exceso, los niños tienen dificultades para descubrir y desarrollar sus propias capacidades. Por regla general, en este caso suelen reaccionar con inseguridad y miedo, en particular ante situaciones desconocidas.

Para que los niños crezcan y se conviertan en personas independientes tienen que ser capaces de explorar el mundo por sí solos. En ese proceso seguramente vivirán también experiencias desagradables, pero éstas forman parte de la vida.

Gracias a los ejercicios siguientes, diseñados para superar situaciones cotidianas, los niños aprenden a pensar, a actuar y a asumir sus responsabilidades de forma independiente. También aprenden en grupo a escucharse unos a otros, a expresar ideas propias, a formular deseos, a hablar entre sí y a manifestar puntos de vista críticos. En definitiva, aprenden a implicarse en situaciones cotidianas y a comportarse de forma adecuada, a la vez que descubren y desarrollan multitud de capacidades.

Adaptarse al clima

Material: diferentes prendas de vestir.
Edad: a partir de 4 años.

Los niños se sientan con las sillas en corro. En medio del corro se coloca un paraguas, un impermeable, un sombrero para el sol, un abrigo, un par de guantes, etc., prendas que los niños deberán identificar y nombrar.

A continuación empieza el juego; uno de ellos es el hombre del tiempo de las noticias y hace la predicción del tiempo para los próximos días. Otro debe ir buscando las prendas adecuadas para el tiempo anunciado. Cuando haya terminado, el grupo debe decidir si el niño ha elegido correctamente sus accesorios. El juego continúa con otros dos niños y otro hombre del tiempo.

Hacerse responsable de otros seres vivos

Material: plantas o animales.
Edad: a partir de 5 años.

En el espacio habitual de tu hogar, puedes colocar diversas plantas de interior o un acuario para que tu hijo se ocupe de una planta o de los peces del acuario. Si esta actividad se realiza en la clase, previamente, y a fin de evitar posibles errores, el grupo se sentará en corro e intercambiará sus conocimientos sobre las diferentes clases de plantas y peces. A continuación el educador proporcionará información adicional y por fin los niños se repartirán las tareas. Diariamente se informará al grupo del trabajo realizado.

Tareas domésticas

Material: casete, diversos utensilios para limpiar u ordenar.
Edad: a partir de 5 años.

Los niños reflexionan en común acerca de las tareas domésticas que deben realizarse diariamente en el hogar o en la clase. Para ello pueden entrevistar a los encargados de la limpieza y grabar las respuestas con un casete. Después enumeran las tareas que ellos mismos pueden llevar a cabo; por ejemplo, ordenar la mesa, barrer el suelo, recoger las latas vacías y las bolsas del jardín o del patio, y las distribuyen entre ellos. Semanalmente cambiarán la distribución de las tareas y comentarán en la familia o en el grupo si han podido realizar solos los trabajos adjudicados y cómo lo han hecho.

Ayudarse unos a otros

Edad: a partir de 5 años.

Se indicará a los niños que, antes de regresar a sus casas o cuando tengan clase de gimnasia, deberán ayudarse unos a otros a cambiarse de ropa o a vestirse, teniendo en cuenta que el que necesite la ayuda de otro niño deberá pedirla él mismo.

Padrinazgo

Edad: a partir de 6 años.

Los niños más crecidos del jardín de infancia o de la clase pueden ayudar a los más pequeños o a los nuevos en la institución. Las obligaciones del padrino consisten básicamente en estar a disposición de sus ahijados y, por ejemplo, enseñarles el edificio o la escuela.

Los padrinos también deben explicar a sus ahijados las normas y rituales de importancia en el grupo o la clase, y pueden ayudarles a entrar en contacto con sus compañeros. Cuando los ahijados se hayan adaptado, la responsabilidad del padrino concluirá paulatinamente.

Me ayudo a mí mismo

Material: teléfono.
Edad: a partir de 5 años.

Es conveniente que incluso los niños más pequeños sepan de memoria su nombre y su dirección. Los niños en edad preescolar saben contar como mínimo hasta diez y deberían memorizar no sólo su propio número de teléfono, sino también otros números de urgencias como el de la policía, los bomberos o urgencias médicas. Sería aconsejable que practicaran llamando a su casa no sólo con un teléfono de juguete, sino también desde una cabina telefónica pública, siempre que sea posible. En este último caso es preciso informar previamente al receptor de la llamada.

Implicar a los niños activamente

Edad: a partir de 6 años.

Los niños son individuos que piensan por sí mismos, y sus opiniones, deseos y necesidades deben ser respetados y considerados con seriedad. Por esta razón, muchos jardines de infancia y escuelas organizan reuniones regulares en las que los niños tienen la oportunidad de comentar sus propias experiencias y participar de una forma activa en la planificación de las actividades diarias del jardín de infancia o escuela.

Al implicarles en decisiones cotidianas como la disposición del espacio o del aula, la compra del material lúdico, la preparación de festividades y el establecimiento de las normas sociales, los niños sienten que se respetan sus opiniones y que pueden influir en la toma de decisiones concretas. Asimismo, aprenden a discutir unos con otros, a tomar decisiones de forma democrática y a aceptarlas.

Primeros auxilios

Material: botiquín.
Edad: a partir de 7 años.

La irrefrenable necesidad de movimiento de los niños puede conllevar lesiones leves o graves; de ahí que convenga enseñarles el lugar donde se guarda el botiquín y el material de vendaje para que puedan curarse pequeñas heridas ellos solos. Mediante un curso básico de primeros auxilios, aprenden a actuar ante posibles accidentes y además se entrenan para mantener la calma y buscar ayuda. Saber comportarse adecuadamente en el lugar del accidente no sólo les proporciona seguridad, sino que incluso les puede salvar la vida.

Volver a casa

Edad: a partir de 6 años.

El ejercicio consiste en que uno de los niños guía al grupo hasta su casa. Se sitúa en primera fila junto con el educador o el maestro y los demás se agrupan por parejas detrás de él. Durante el trayecto el niño debe estar especialmente atento al tráfico y dar las instrucciones adecuadas. Los demás los siguen atentamente y comprueban si él se comporta correctamente.

Indicación: cuando el grupo está compuesto por niños muy pequeños, el ejercicio se llevará a cabo únicamente dentro del barrio, nunca por la ciudad. Según el número de niños será necesario aumentar el personal cuidador.

Consumidores críticos

Material: una botella de zumo de fruta cara y una barata, dos vasos.
Edad: a partir de 6 años.

Los niños no disponen de los recursos necesarios para ser consumidores críticos. Este ejercicio sirve para que aprendan que los productos caros que aparecen en publicidad no son necesariamente mejores que los más económicos.

Un niño cierra los ojos, y otro coge dos botellas de zumo de fruta de diferentes precios y las entrega al primero. Éste tendrá que examinar primero una botella y luego otra y, sin abrir los ojos, deberá levantar la mano cuando crea distinguir la botella de zumo cara. En la ronda siguiente habrá de distinguir cuál es el zumo caro oliendo el contenido de las botellas abiertas. En la tercera ronda, probará un sorbo de cada una de las botellas. Es en la cuarta ronda cuando abrirá los ojos y observará atentamente ambas botellas. Tendrá que adivinar cuál de ellas es la cara por la presentación. Finalmente, el otro niño comunicará el resultado de la prueba oculta y luego se intercambiarán los papeles.

¿Más caro es mejor?

Material: productos alimenticios diversos, papel, lápices y dinero para las compras.

Edad: a partir de 8 años.

En primer lugar, se reparten entre el grupo tres o cuatro productos alimenticios con la correspondiente etiqueta del precio. Luego, los niños se dividen en grupos reducidos, cuyo cometido será encontrar un establecimiento que venda el mismo alimento, pero más barato. Para ello disponen de un plazo máximo de una semana. Primero, cada grupo debe escribir en un papel el nombre y el precio del producto original. Después, cuando haya localizado un establecimiento que venda el mismo producto o uno similar a un precio más barato, lo comprará y escribirá además el nombre del establecimiento. Una vez todos los grupos hayan conseguido su objetivo, los niños compararán los productos entre sí y decidirán si realmente lo más caro es siempre lo mejor.

Variante: los productos originales a comparar pueden ser, por ejemplo, espaguetis y salsa de tomate. En este caso se comparará la combinación de los dos productos (espaguetis con salsa de tomate) de precios diferentes.

Cocinar para la familia

Material: dinero, lista de la compra, libro de cocina, cesta de la compra, diversos productos alimenticios.

Edad: a partir de 9 años.

En primer lugar, entregarás a tu hijo una cantidad de dinero establecida previamente. Luego, con la ayuda de un libro de cocina, deberá escoger un plato que se ajuste al presupuesto y que desee cocinar para su familia. A continuación anotará los ingredientes necesarios y los dos iréis a buscarlos, pero él será el encargado de comprarlos. Finalmente preparará la comida para la familia.

Variante: en lugar de la comida, prepara el desayuno.

Apéndice

Sugerencias para los maestros

Cómo preparar una reunión con los padres

Cuando detectéis en un niño una falta de autoestima o dificultades de conducta social, en primer lugar debéis dedicaros a observarle durante un periodo prolongado de tiempo y a anotar detalladamente el resultado de vuestras observaciones (véase página 10). Seguidamente debéis tener un intercambio de impresiones con el resto del equipo educativo del centro, para valorar vuestras primeras conclusiones respecto a los motivos del comportamiento del niño, con la condición previa de que los ejemplos concretos discutidos no deben trascender. Si los miembros del equipo no disponen de elementos para valorar los problemas de comportamiento del niño, debéis solicitar consejo y apoyo al especialista del jardín de infancia o al director de la escuela. También podéis solicitar de vez en cuando la opinión profesional de otros expertos, como consejeros familiares o educativos.

Una vez hayáis discutido extensamente los problemas que el niño no puede resolver por sí solo, debéis convocar una reunión con los padres. El cuestionario siguiente puede resultaros de utilidad a la hora de preparar la reunión; si lo deseáis, podéis añadir nuevas preguntas:

- ¿cuáles son los objetivos principales de la reunión con los padres?
- ¿pueden asistir ambos a la reunión?
- ¿tienen la custodia compartida? En caso afirmativo debéis informar a ambos.
- ¿qué hora y lugar son más adecuados para todos los participantes (también para mí)?
- ¿cuál es la duración prevista de la reunión?
- ¿cómo es el espacio en el que tendrá lugar la reunión?

Es aconsejable que la reunión no se realice en presencia del niño y que no recibáis a los padres sentados a la mesa. Para crear un ambiente relajado podéis empezar ofreciéndoles un té o un café.

Sugerencias metodológicas para el desarrollo de la reunión

El objetivo de la reunión individual con los padres es discutir conjuntamente las dificultades de su hijo para poder comprenderlas. Tanto los padres como el educador debéis buscar en común soluciones a los problemas surgidos. Para que los padres perciban que los problemas de su hijo se tratan con total profesionalidad y para el buen desarrollo de la reunión, debéis tener en cuenta los siguientes puntos:

- asegurad a los padres vuestra total discreción;
- no toméis notas durante la reunión;
- empezad siempre la reunión con un comentario positivo sobre las capacidades del niño;
- no utilicéis términos específicos ni un lenguaje complicado; escoged las palabras y los ejemplos según las posibilidades de vuestros interlocutores;
- en caso de que los padres no comprendan bien el idioma del país, solicitad su consentimiento previo y disponed la colaboración de un traductor «neutral»;
- procurad en la medida de lo posible transmitir los comportamientos negativos del niño sin hacer juicios de valor;
- escuchad atentamente sus respuestas;
- debéis evitar cualquier referencia a posibles culpas y comentarios desdeñosos;
- si los padres se hacen reproches entre sí, llamadles la atención en un tono tranquilo. Dadles a entender amablemente que los ataques personales no ayudarán a resolver el problema del niño;
- no toméis partido por ninguno de los dos;
- considerad con seriedad la confusión y los miedos de los padres;
- transmitid a los padres la sensación de que lo importante es el niño;
- mostrad comprensión por la situación vital y familiar del niño;
- buscad medidas de apoyo conjuntamente con los padres;
- debéis ser conscientes que sólo podéis ayudar hasta cierto límite;
- si es necesario, haced referencia a los correspondientes consejeros profesionales;
- debéis animar a los padres asegurándoles que sus problemas se pueden resolver; podéis explicarles algún otro caso que se haya resuelto positivamente (¡sin citar nombres!);
- adoptad acuerdos concretos respecto al día a día del niño;
- fijad una segunda reunión para valorar conjuntamente los progresos del niño y, si es necesario, buscar otras soluciones.

Otro punto importante que debe considerarse en las reuniones con los padres es no dejar que los problemas de la familia os sobrepasen. Si llegáis a sentir que os afecta en exceso, debéis comunicarles abiertamente que por el momento no podéis seguir prestándoles vuestra ayuda y derivarlos al consejero profesional correspondiente. Examinad atentamente vuestros propios sentimientos y reflexionad acerca de si podéis continuar haciendo vuestra tarea con total objetividad. Los conflictos de vuestra propia infancia sólo os resultarán útiles en vuestro trato con el niño si habéis podido asimilarlos constructivamente.

¿Cómo se determina el éxito de una reunión con los padres?

La reunión individual con los padres puede considerarse positiva cuando se dan las siguientes premisas:

- los padres se sienten comprendidos en relación con los problemas de su hijo;
- los padres están dispuestos a colaborar;
- los padres hablan abiertamente de los problemas de su hijo;
- los padres proporcionan al profesional información importante sobre la situación vital y familiar;
- las dificultades del niño se consideran también una oportunidad;

- los padres creen que los problemas tienen solución;
- se respetan los acuerdos;
- los padres muestran interés por las medidas propuestas y por el establecimiento de futuras reuniones.

Y por último, tanto los educadores como los maestros tenéis que ser muy conscientes de que no podéis ofrecer ningún tipo de ayuda terapéutica. Vuestros conocimientos y experiencia os permiten actuar de mediadores entre los niños y los padres cuando existe un conflicto y, sobre todo, ayudar al niño en su adaptación al centro. Sin embargo, debéis tener siempre muy presentes los límites de vuestro trabajo y solicitar el apoyo de los terapeutas profesionales antes de que sea demasiado tarde, o proporcionar a los padres los contactos correspondientes.

La autora

Andrea Erkert nació en 1967 y desde 1995 dirige un jardín de infancia en las cercanías de la ciudad alemana de Stuttgart compuesto por cinco grupos de niños de diferentes culturas. Además ejerce como docente de educadores y maestros. Hasta la actualidad ha publicado cuatro libros.

Dirección de contacto:
Andrea Erkert
Tilsiterstr. 16, 71522 Backnang (Alemania)

La ilustradora

Vanessa Paulzen se diplomó en diseño y comunicación, en la especialidad de ilustración y diseño gráfico, en la universidad de Essen en 1970. En el año 1995 obtuvo una beca de un año para estudiar en la Escuela Superior de Artes Gráficas de París. Ha ilustrado diversos libros publicados. En la actualidad vive en la ciudad alemana de Düsseldorf, donde, además de ejercer profesionalmente como diseñadora gráfica, se dedica al arte.

Índice alfabético de los juegos y ejercicios

CRECER JUGANDO

Un concepto diferente de libros profusamente ilustrados que plantean
una nueva propuesta para los padres y educadores de hoy, con juegos
que ayudan a los niños a aumentar la creatividad, estimular
la comunicación, relajarse y ser independientes y seguros de sí mismos.

Títulos publicados:

1. Islas de relajación – Andrea Erkert
2. Niños que se quieren a sí mismos – Andrea Erkert

Meditaciones
para niños

Una serie de libros que ofrecen visualizaciones sencillas para ayudar a los niños a dormir tranquilos, sin temores ni pesadillas, estimular la creatividad, desarrollar la concentración y aprender a relajarse.

Títulos publicados:

• Luz de estrellas - Maureen Garth
• Rayo de luna - Mauren Garth
• Rayo de sol - Maureen Garth
• El jardín interior - Maureen Garth
• Luz de la tierra - Maureen Garth
• El espacio interior - Maureen Garth
• Enseñar a meditar a los niños